The Little Book of
Hot Sex For Cool People:
I Want Sex, My Partner Doesn't

By

Emilio Kuriyakin

Published By Sensual Hills and Valleys
Los Angeles, California, USA

The Little Book of Hot Sex For Cool People:
I Want Sex, My Partner Doesn't
by Emilio Kuriyakin
All rights reserved. No part of this book shall be reproduced, stored in a retrieval system, or transmitted by any means, electronic, mechanical, photocopying, recording, or otherwise, without written permission from the publisher. No patent liability is assumed with respect to the use of the information contained herein. Although every precaution has been taken in the preparation of this book, the publisher and author assume no responsibility for errors or omissions. Neither is any liability assumed for damages resulting from the use of information contained herein.

Note: This publication contains the opinions and ideas of its author. It is intended to provide helpful and informative material on the subject matter covered. It is sold with the understanding that the author and publisher are not engaged in rendering professional services in the book. If the reader requires personal assistance or advice, a competent professional should be consulted.
The author and publisher specifically disclaim any responsibility for any liability, loss or risk, personal or otherwise, which is incurred as a consequence, directly or indirectly, of the use and application of any of the contents of this book. With that being said, enjoy the book!
Published by Sensual Hills and Valleys in Los Angeles, California, USA.
ISBN-10 0-9777282-5-0
ISBN-13 978-0-9777282-5-1

May 2007

Dedicated to Kevin and Bean, the Morning Show crew and the listeners to KROQ radio who are all in dire need of hot sex.

4

INTRODUCTION

Hey! Was there a time a million years ago when you were having sex all of the time? Everyday was hot sex for cool people? Now, does it seem like the sex has cooled off? You still ARE the coolest and you deserve all the hot sex you can handle. The chances are though if you are reading this book, things may need a little bit of working out in your life.

Maybe you are too tired from working all day to have sex. Maybe your partner is. Maybe you don't have a partner. Maybe there are some physical, emotional or mental issues that you need to feel comfortable with before you can start feeling better about yourself and having sex. Maybe there are kids in the picture. Maybe there was something that happened in the past where you cannot trust your partner and are even starting to distrust yourself!

In today's stress filled world there are a lot of pressures and unrealistic expectations and they apply to people who are having hot sex and those that are not. This book is to help people get to the point where they are on the delightful road to having the best possible sex they can in their lives.

Most people around the world have been inundated with thousands of images, words etc about sex. Marketing departments and the Internet use sex as a sales tool to such an extent that most sane people start to block out images and responses to so much over stimulation. The images, sounds etc. still (arguably) may give us unrealistic views of what we should have and what we should be doing in order to have a great sex life. Instead of helping people get rid of their inhibitions it ends up frustrating them more into thinking they need to live up to some imaginary idea of a man or woman.

If one partner is absorbed with the Internet that person needs to realize that in the real world people don't look or act like their web avatars or porn stars.

Couple this with the holidays where a lot of people start to feel like crap because they are not having what they perceive should be the best sex of there lives for the holidays.

Please! Nothing can be further from the truth. You are who you are and your sexual preferences, identity and options are all up to what works for you. Don't be driven into loneliness or aggravation because you don't fill up to some imaginary standard of being in a relationship or not. You also have different sexual levels at different points in your level. At some points in your life you may be hornier than others.

EMOTIONAL STAKEHOLDERS FOR SEX

Conflicts about anything (including sex) CAN be resolved by communication and compromise ONLY IF BOTH PEOPLE AGREE TO TRY TO WORK OUT THE ISSUES. That sounds SO easy doesn't it? Unfortunately, sex is such an EMOTIONALLY charged issue that you have to build up to the point for talking and actually negotiate your negotiations!

First and foremost - have some empathy and respect for your partner. Maybe your partner needs some time away from the kids or to his or herself. Offer to watch the kids on a day off so Mom (or Dad if he is a stay-at-home father) can go out and do something that they want to do. It will change that person's mental disposition. You and your partner are not mules - though you might get stubborn responses as if you were mules.

Second - be honest but don't be blunt! If your sex levels aren't the same anymore you need to ask yourself what you can do to try and make some form of equity with your partner. Is there something you can still do to please him or her? What would be a something they can do to please you?

There are a lot of taboos and emotional items that some people don't like to talk about when it comes to sex. Are any of these hot buttons for you?

Obsessed with Internet sex or unrealistic sexual ideals.

Not wanting to perform oral sex.

Not interested in sex - period.

Want to receive oral sex but not give it.

Not interested in exploring other sex acts (anal sex).

Not getting excited with your partner anymore.

Fear that you are committing a sin.

General Low self-esteem.

Bad self-image of one's body.

There are lots more but these seem to be the common emotional items. They are not something you can easily sit down and resolve in one session of talking. It takes a lot of love and patience and more importantly WILLINGNESS from both partners to want to work something out.

There is always the chance as well that you and your partner should not be together. If that is the case, you need to honestly confront the situation, take action and move on with your lives. This book though is about exploring things that might help you resolve your issues.

This book breaks it down. We are going to follow the rules of K.i.S.S. - Keep It Simple Someone. I know the expression is

"Keep It Simple Stupid" but you certainly aren't stupid if you are doing something to make your life (and your partner's life if applicable) more pleasurable. Countless studies have shown that people who have good sex on a regular basis (whatever that is to each individual) feel better, get along better with their family and friends and perform better on their jobs.

Hot sex gets the blood flowing, increases the circulation, can be exciting or relaxing and gets the body working. If you have a medical condition that prevents conventional sex from happening, please consult with a doctor but there are other avenues to get the release that hot (and hopefully great) sex conveys.

Also don't expect anything new or revolutionary. There is an old wise saying that "Enlightenment is just an act of remembrance." This book will hopefully just remind you of what you want and are trying to do and try to help you get back on track to feeling great and making your partner feeling great!

Emilio Kuriyakin

May 01 2007

CHAPTER 1

SEX HASN'T CHANGED

People are fundamentally the same they are today as they were thousands of years ago. Biologically we have not changed the way that we reproduce and men and women's sex drives and tastes have been the same since caveman times.

Culturally and publicly there may be changes but people's bodies are the same.

Men and women, if they are in good health, a good place in their heads and their hearts, like to have sexual intercourse, oral sex, possibly anal sex, perhaps bondage sex - whatever they are into.

This is not something that has just happened or is just happening - it is the way that we are wired.

Different people have different levels of pleasure and need different things to get comfortable to enjoy sex. There is neither right way nor wrong way to have sex as long as all parties involved are consensual, nobody gets hurt and there are no diseases or unwanted pregnancies.

It boils down to the fact that sex is used for procreation. In men and women, the levels of desire for sex can change based on one's health, age and mental state but no matter what people tell you, it is up to you what works and what doesn't work.

Here is the first thing then that I will be asking you to find out about yourself (and you can be honest because nobody other than you will know the answer unless you talk out loud while you read this and are on a train):

What excites you sexually? What floats your boat? The reason I am asking you these questions NOW is that barring early relationships and things that you may need to explore with a psychologist, you need to get to know where you are at NOW because you are living in the present. You are reading this book (or possibly re-reading it) because there is a feeling that you are MISSING something in your life. That particular something you feel is missing has to do at least in part, with your sex life.

So we need to find out what that is.

Do you get excited at pictures or movies of naked men? How about naked women? How about both? If you are in a relationship does your partner drive you crazy sexually? Is your partner unavailable? Are you a tactile person? Do you like to be "touchy feely" and the contact with skin makes you shiver with delight? Are you an auditory person and hearing about sex, talking dirty and graphically or softly makes you hot and bothered? Are you a visual person where the sight of a naked man/woman with an erect penis/moist vagina sends you to the moon?

How about sensations? What parts of your body are getting excited? Are you getting over an illness or do you have a medical condition and some parts of your body just aren't responding like they use to? Is there something going on in your life that you are finding you can't stop thinking of-even for five minutes?

Are there any physical issues that are bothering you? By all means find and seek a doctor and/or a professional you can talk to and trust.

Are there certain things or toys that turn you on? How about certain taboo things (and please keep it to reasonable taboos - I don't endorse anything that results in harm to anybody or anything)?

Make a private log or if you are the paranoid type, some sort of coded notes so you can see what it is that makes you happy and then we can move onto the next step.

What are the reasons that you are not able to become happy?

Have you not found that special partner with the whip cream fetish to roll over each other's bodies in whip cream? It gets sticky and a little too sweet after awhile but you will find out for yourselves....

If you are a man, are you looking for that special person to massage and milk your prostate dry like a cow?

If you are a woman, are you seeking that perfect man who knows how to lick your G-spot as well as massage your breasts?

Are you not getting enough oral sex/anal sex/cuddling/pony rides in your relationship?

Is your current partner not able or willing to work with you to help you get the sexual release that you are looking for? Maybe it is time to sit down and talk to that person honestly. If the two of you care for each other and can talk, you should be able to come to some sort of arrangement and understanding. If that person is unapproachable, maybe you need, circumstances notwithstanding, a new partner! You have to look at the entire relationship, especially if others are involved – like children – and carefully weigh your options, your partner's possible reactions and consequences. It may not be pleasant but it is something that you need to try and think about dispassionately.

Again, these answers are yours and nobody else's but they are the foundations for what you will need to do to get the point to having that hot sex that we are talking about in the title of this book!

If you are a minor reading this book, you will have to be patient. Put the book away till you are older. Then re-read it... Please please please do not try to go out on the web or in the real world looking for partners or pleasure. There will be plenty of time when you are an adult and the world is full of predators that can hurt you. Trust me that when you are an adult there will be plenty of time for sex.

If you aren't comfortable with yourself (your body, your personality, your mind, your heart, your soul), you don't have an understanding of birth control (how to use it, how to make sure your partner may need to use it), sexually transmitted diseases (make sure you get blood tests) and cannot communicate well - please don't have sex! You will need to understand all of these things in order to find a partner who understands it as well!!!! Anything else might be a recipe for problems later on....

CHAPTER 2

SEX STAGES IN YOUR LIFE - SEE IF ANY OF THESE APPLY TO YOU!

Where are you in the sex stage of your life? This will help you in answering the questions you should be asking yourself from the previous chapter. Special Warning Note: If you have kids, the chances are that you and your partner will both be pretty tired no matter what age you are in, no matter if you are straight, gay or the kids are naturally yours or adopted. You will both need to make extra effort to be patient, loving and understanding since both of you will be stressed out and prone to blame yourself and each other for lack of intimacy. Please DON'T! That happens when kids are born and by being aware of it you can take the first steps to keeping your marriage (or relationship) and your family together.

Back to the sex stages....

YOUNG (Under 21) - Living at home, single and no place to get off. Masturbate a lot in the bathroom, bedroom and have to hide the pornography and clear the Internet links to the porn sites that you shouldn't be looking at. Hopefully you are not living in a situation where somebody is coming on to you or creepy. If so, that will alter your view on sex and you should seek professional help from somebody you can trust!

Back to things going on in this stage - exploring with heavy petting, oral sex (blowjobs or pussy eating) and infrequent (if at all) sexual intercourse. If you are living at home and young, you really should not be having sexual intercourse yet.

Emotionally and mentally you may not be ready for it even though your body is.

If you are a girl, you may have already gotten pregnant. It is a big responsibility to take care of a child and you cannot foist it off on parents or relatives - especially if they have already have their hands full!

If you are a guy, you have a new responsibility just as the girl does. There is a new life that the two of you brought into the world and you will need to take care of it. Chances are you will not be able to get a great paying job and a lot of plans will have to go on hold because you have a child to take care of.

If you are gay, you probably have tried some exploring and are coming to terms of what you like, what turns you on and off. You may have to be very careful of who you talk to about your feelings. Find someone you can trust! You don't want your life story showing up in a blog or as a movie file on the Internet.

The bottom line is that you need to understand that you should not be pressured into having sex. If people tease you about having sex or try to goad you into it, those are the wrong reasons to have sex. You should not be forced into having any kind of sexual activity against your will; if it makes you uncomfortable or just don't want to. Ever.

Reasons to hold off on sexual intercourse:

Guys have more interest in video games at this age than helping take care of a baby if the girl gets pregnant. Okay, guys have more interest in video games generally at ANY age but you understand what I am talking about here. There is usually not a lot of maturity with a young man who is thinking more with his cock than his head.

The statistics are not with young couples that any long-term relationships will work, especially if there are unwed babies involved.

Pregnancy aside, there are a lot of frustrations, misconceptions and lousy feelings at times that everybody on earth is having sex (and better sex) than you. That just isn't true. The reality is that most people feel exactly like you do at your age, full of hormones, life and energy as well as confusion and emotional highs and lows. All the more reason to relax; focus on getting an education or a trade and getting your self ready to be a cool adult.

You can do that buy starting to eat healthy, exercising and getting a good paying job. The hot sex will follow....

YOUNG ADULT (21 to 35) - Living at home/away from home.

You are at the stage of your life where you starting to explore and figure out what you like, dislike (as well as try and work/go to school/help with your family/raise a family). Theoretically, you should be able to have the space to have sexual relationships. That isn't always the case though, is it?

You may be too busy, too tired or in a position where you don't have the privacy that you are looking for to have sex.

If you are gay you may be having the time of your life. Be careful out there. There are a lot of diseases and predators in the dating world.

MIDDLE AGE ADULT (36 to 49) - Your own space (or at least you know where to go if you need to get off), you know what you like and don't like.

At this stage, you should at least know what turns you on and if you are in a long-term relationship, what turns your partner on. You are at the stage of your life where you starting to explore and figure out what you like, dislike (as well as try and work/go to school/help with your family/raise a family). Theoretically, you should be able to have the space to have sexual relationships. That isn't always the case though, is it? You may be too busy, too tired or in a position where you don't have the privacy that you are looking for to have sex. Older men tend to be able to hold off on climaxing and women tend to know their bodies more and know what pleases them (as well as their partners).

LATER ADULT (50 and up) - Chemicals abound.

Barring health reasons, there are drugs on the market to help men maintain erections and help them perform sexually as long as they are breathing. As long as nobody gets a heart attack, sex is a great way to help stay in shape, get relaxation as long as there is interest.

For women, some women no longer are interested and others find they are having some of the best sex of their lives once they are over 50.

So remembering that each person is different and the previous categories were just rough guidelines, let's get the groundwork out of the way before we start talking about sexual specifics.

CHAPTER 3

RELATIONSHIP BUILDING - KNOW YOURSELF! KNOW OTHERS!

In order to have great sex, an important thing that has to be in place is a good relationship. The first relationship you need to be on good terms with is yourself.

Questions you need to ask yourself:

Are their outside or external things that are bothering me that make it hard for me to have enjoyable sex?

Am I worried too much about money? Am I worrying about the kids too much? Is my health up to this? What if I can't please myself? What if I can't please my partner?

First - you need to learn to relax! There are several methods; dozens of books on meditation and relaxation techniques but the easiest thing to do is this:

Find a quiet room, either lie down or sit down quietly and make a list of things that are bothering you and get them out of your head! Next to the list, write down realistically if it is something you can deal with now, short term or long term.

If there is anything to deal with sexual performance that is actually physical, make a note and see a doctor. If it is anything to do with anxieties, you may need to talk to a professional but performance anxieties are common and if you relax, a lot of times things work themselves out.

Once you have cleared the decks, so to speak, you will feel better and be able to explore your body better. Take five minutes to just quietly breathe and try to stop thinking! If you notice that your body is tense start relaxing the parts of the body that are tense.

Okay - if you fall asleep, that is fine. Eventually you will get to the point where you can just sit still and learn to relax your body.

Now, either in your bed or shower, start exploring your body. See how your touch feels on you body. A lot of us are raised with taboos that your body is something dirty or unclean. Well, if it isn't washed it is unclean but your body is something wonderful that should be enjoyed.

If you are a man, start to become aware that there are all sorts of parts of your body that just feel great when they are stroked or touched. If you have grown up like a lot of men just masturbating like your penis is a shotgun just constantly reloading --and doing it hard --you may need to re-sensitize yourself. Try using a gentle touch and work the tip and shaft gently till you ejaculate. It will not be easy at first and when you do this, you should plan on exploring this when there is nobody else around in a quiet room - with the door locked.

If you are a woman, there are a lot issues about the body that you deal with already and it is important to relax and discover that your body is a great place to be. It doesn't feel that way if you are having an uncomfortable period or your body aches in general or their are kids crawling all over you. That is why it is important to do this exercise if nothing else so you can have some private spot to fall asleep in!!!

Now, are you in a relationship with anybody? There may be great reasons why you are or aren't but if you and your partner are not having sex and you are uncomfortable about it, you should find some means to communicate about it.

Have your partner spend quiet time with you and start exploring each other's bodies. If one or the other of you is in need of sexual release, try to help the other out if you can. Then if need be, relax, fall asleep in each other's arms and then wake up and start exploring your bodies.

Big problem that needs to be worked out: Verbal partner and non-verbal partner. You both need to work out some sort of system of compromise where one person either starts to use shorter, smaller words (and not abusive commands unless you are both into that thing) and the other partner needs to start motioning or getting their hand signals right.

People need to trust one another and talk about what things work for them sexually. The reasons for this are that different people have different expectations and beliefs about sex and it is important that you and your partner be on the same page.

Some people use sex as a weapon to get a person to buy them things - not a cool thing to do and that is down and out prostitution. If that is what works for the both of you, great, but that doesn't work for everybody. Some people use sex just for the idea of procreation. If that is the case both partners better be ready for having a baby and the woman should not tell the man that she is using birth control when she is not. It is not fair to either of them. Men need to be honest and take care of their health as well. Both parties, if they have agreed not to see anybody else, should stay faithful. If a person strays, be honest with yourself for the reason before you do something else to ruin the relationship.

Make sure that you and your partner work out the frequency of sexual activity as well!!! Even though people change over time with their relationship, there should be communication as to when and how often they will get together. Also, if one person requires more attention than the other, work out something equitable. For example, if one person needs multiple orgasms to feel complete, the other person should also work out something where they will either be held afterwards or they get some sort of equitable treat another time or after you've lit the other person's fuse several times...

Also please be sure you get health check-ups! You don't want to transmit HIV, herpes, or venereal diseases to your partner! Determine when it is safe and use contraception and whatever you need to so you can be safe!

Make sure you both are absolutely clear about what each of you expect out of each other in terms of fidelity. It is easy to stay true to a person and practice monogamy during the honeymoon stage of a relationship. It takes attention to keep it going and exciting so partners aren't inclined to stray.

Why do most men and women stray after years in a relationship or marriage? It isn't the people changing it is the lack of communication or consideration for the people! Sex is just the end result. A lot of people who get together shouldn't stay together because they have different levels of sexual desire but do so otherwise for financial reasons, love, etc. Especially if you love somebody if they cheat on you it feels terrible and it takes awhile to build back trust (if you can build it back at all).

If you both are open to "open" relationships make sure you are honest that if something gets out of bounds that you both discuss it and if need be, move on if the boundaries you've set have been violated.

Any person who tries to blackmail you, abuse you (physically, verbally or mentally), insists on no birth control or sexual protection or into doing something you don't want to do should be dumped.

You want to be with a person who is caring lover and makes you feeling relaxed, safe, blissed out, infatuated, completely swept off your feet or any combination of those feelings after sex.

You don't want to feel like a washcloth or plunger....

ALSO - What may have changed or is changing with you and your partner?

Are either of you too tired to have sex?

Are either of you bored from the same routine or one or the other coming back from a different lifestyle and not connecting anymore?

Are either of you wanting more variety and the other partner isn't helping?

Once you have identified the issues, make a list – even if you aren't going to share it with anybody just so you can see what the issues are.

If your partner is up to it, see if you can get their thoughts on what they think the issues are.

You may be surprised that the issues may not be the same. Maybe they are, maybe they aren't.

The next step is try to work through the problem. If you and your partner can communicate – try to make it happen. Sit down somewhere quietly without distractions – maybe have a good meal- and try to establish what it will take to make things work.

CHAPTER 4

TURNING TURN OFFS INTO TURN ONS!

The following are things that turn men and women off that can be overcome if both partners work at it:

Turn Off: I am too tired for sex.

Turn It On: Plan to have sex on a certain day and stick with it. Make sure the day or night before both parties get a lot of rest and eat well. Make the environment comfortable (or if you are the naughty type, make sure nobody is watching if you decide to make love in the outdoors at the park).

Turn off: My (self/lover) is (too fat/too hairy/smelly/boring/too much of a selfish pig/too much of a selfish sow).

Turn It On:

Try wearing clothes that flatter you and get your partner to dress up in something appealing. It doesn't have to cost a lot of money!

If you or your partner feels that there is a weight problem - start working out and dieting. The most powerful sex organ you have is your brain! You can use it if you really want to!

If you are too hairy, think about shaving at times. Too smelly? Take baths and showers before AND after sex. Think about doing it TOGETHER to build intimacy and drive each other to excitement.

Your partner too selfish? You always end up performing blowjobs or eating the person out and don't get reciprocity? Unless there is a medical reason not to there should be a sense of equity in a relationship.

If there isn't weigh everything else and see if it is something you can live with or work out something else that would work as a sexual treat.

Turn offs: Boring.

Turn ons: Start to look for ways to spice it up and force yourself to be inventive. One of the reasons people cheat on each other is boredom. Do something that will surprise your lover and keep them interested in you. Try to make some of your fantasies come true. Has he always wanted to dress up as Darth Vader during sex? How about her? Has she wanted to dress up as Darth Vader? Hey, if it floats her boat, go for it.. Try meeting each other half way and see how the heat starts to build.

If you are the one who always initiates sex, get your partner to be the one to start the ball (or balling) rolling. If there aren't medical reasons, try different positions as well.

Turn offs: Jealousy.

Turn ons: Work on communicating why the person feels jealousy. If you are being a douche bag and a constant flirt and have it in mind to cheat on the peson anyways, that person is justified in his or her jealousy.

If a little jealousy turns you on or you really get off having somebody else turning on your partner make sure this is communicated and you both work out the ground rules. Nobody likes hurt feelings.

Work out between the two of you what works and if you find that you are compromising too much of your self and are not getting what you want - it is time for a new person.

Turn ons: Romantic and intimate conversation.

Turn offs: Talking about the kids and that bitch at work that got the promotion you should have gotten. If you need to talk about work, things etc, do it as part of the cuddling and getting together mode. Don't bring it up during sex because you are cheapening the act of intimacy and that can ruin the mood for one or both partners - especially if it leads to arguments!

CHAPTER 5

PLACING A HAND ON THE SITUATION

Masturbating is natural. Whether you call it playing with yourself, jacking off, whacking off, jerking off, tickling the ivories (for ladies), fingering, the desire to pleasure oneself is wired into our physiology.

Despite what people and some organizations may tell you, masturbating will not hurt you unless you are doing it too hard and hurting your genitals or are whacking off so that you have no desire to do anything else in life. Also, if you are in a relationship remember that your sexual needs may be different than your partner's so it is okay to masturbate. For goodness sake you aren't cheating on them!!!

Tried and True Techniques For Masturbating A Male

When in doubt, ask the man who you may be masturbating (or ask yourself if you want to change it up for yourself) what it is that the person likes. Here are some suggestions to help depending on the sensitivity of the person's cock.

Straightforward stroking going up and down the shaft. Some guys feel more sensitivity in the base of the penis, some in the shaft and some in the very sensitive tip.

Using two hands - one on the tip or shaft and gently going up and down and with the other hand underneath his testicles or scrotum or anyplace else that he wants stimulated.

Some guys want their penis cranked and cranked hard! Some guys want it gentle. Word to the wise, start gentle and easy and let the guy tell you how much more pressure to apply until you two get into a good rhythm.

Lightly move your hand up and down his thighs. Make sure his shirt is unbuttoned and start lightly moving your fingertips on his chest moving down slowly and around his back.

Start talking softly and if it is okay with both of you-start telling him what you will do to him. That should start making him insane.

Use any kind of lubrication including saliva to keep his cock lubricated. If he is the type though who likes it "hot and dry" go for it.

Make sure that you don't have carpal tunnel syndrome so that you can do a series of repetitive motions like sliding up and down your fingers and hand on his penis. If it is too much for him or it bothers him, adjust accordingly.

You might consider lightly get a free hand under his scrotum and start rubbing it and then continue fondling it as you continue rhythmically masturbating his cock.

Another alternative is to rub his back or buttocks as you are bringing him to a crescendo.

It is okay and encouraged to get excited as you stimulate your partner. It will be your turn soon enough!!

Tried and True Techniques For Masturbating A Female

For men or women who want to know how to masturbate a female - the first thing to know is: MAKE SURE THE LADY IS LUBRICATED!

If it means patiently getting her vaginal juices going through kissing, caressing, dirty talking, be patient - you would like the same treatment too, right?

An old long time trick is to treat the vagina as an old fashioned ink well. As you start stimulating the clit, dip your fingers in her vagina and lubricate them and roll the juices over her clitoris.

The clitoris, by the way, sometimes recedes so don't be afraid to gently spread the skin folds to get to the point. Again, make sure you are well lubricated.

If it means using some lubricants avoid anything that is scented or that can irritate the vaginal area or cause an allergic reaction. Not too sexy... Check with your drugstores for appropriate items (K-Y, Astroglide, etc).

One can go straight for the clitoris and rub it, rub around it with your finger(s) and if there is enough lubrication and stretchability, the whole hand.

It has been stated in other books though that the journey is a lot more fun than the destination. Start caressing her legs, making sure she is seated (or standing) comfortably, and work your way up and down her thighs.

If she is wearing clothes you may want to undress her caress her, then pull the clothing back over her legs to drive her nuts.

Try getting a warm washcloth and lightly rub in and out of her labia (the vaginal lips) and then along her buttocks and legs.

If you are into toys (butt plugs, vibrators) start using them gently as you work your way around her vagina, her clitoris and g-spot.

If you are like me, you will be getting pretty hot and bothered turning her on and be ready for release yourself!!!

CHAPTER 6

KISSING AND OTHER FORMS OF ORAL SEX

Kissing is very important. It is two people exchanging their breath, their lips, saliva, and the beginning of foreplay. If there are any issues in kissing, it is important to work them out.

Make sure you have brushed your teeth, gargled or used some sort of breath mints and if you have dry skin or lips that they have been moisturized. Sounds like a lot of work, huh? It is worth taking the time before smooching that one has complied with the previous request.

Most people don't like to smooch smelly, dirty looking dry lips...

Don't start off bear hugging and suffocating your partner unless they are into it or you have discussed it before hand! It doesn't hurt to take it slowly and gently. Don't worry- things will build to a crescendo if all goes well soon enough.

To start, try nuzzling up to the other person's neck and kissing with soft, dry kisses, slowly moving up until you get to the lips.

Make sure that if you start nibbling that both parties set the limits on what kind of "hickies" you want to leave. Some partners don't like going to work with their necks all chewed up or red looking like they fought off vampires all night long...

French kissing should been done gently at first and not with a partner driving his or her tongue into the back of the other person's epiglottis! Everything should be done easily and naturally. You should also not lock your lips too tightly since that will help you breathe.

If you are communicating you will know what else you should start smooching...Each other's necks, arms, legs, toes, ankles, thighs, back, tummy and that will eventually lead to the genitals..

ORAL SEX FOR A WOMAN

Have the woman get into a relaxed position. She could be lying on her back, sitting or she could sit over your face if you are on your back. Make sure your mouth and fingers are wet. Start working up the woman's thighs with your fingers and lips. Gently work your way across her vaginal lips, gently start licking her clitoris and her vagina. Start licking. Ask her what strokes she likes. Use long luxurious licks and short bullet licks. See how sensitive she wants it or how hard. Once you find the clitoris just start licking around it and keep licking in the same rhythm and motion until she climaxes or tells you that she wants something different.

She may want a finger inside as well to stimulate her vagina.

After orgasm, if it is too much stimulation, the woman may ask you to stop.

ORAL SEX FOR A MAN

Prior to having oral sex you and your partner should discuss about swallowing or spitting out semen. There is a chance you might get HIV or STDS through oral sex – make sure that both of you have had a blood test prior to having sex if you decide to have swallowing. If you need to use a condom for oral sex remember not to use it more than once. Also set the ground rules for how much thrusting you want done to your head while he is getting excited. If it gets to be too much or is starting to cause whiplash, have him stop.

Have the man get comfortable. He can be standing, lying on his back or sitting.
Hold onto his penis and testicles and lightly start stroking them. Proceed to lick the entire length of his penis from the base all the way up to the head. You can then start licking around the tip and frenulum gently – don't use your teeth unless he asks for it and if so be careful!

Like the woman, keep the momentum and rhythm the same for the man until he climaxes.

For men and women, both may or may not want to be cuddled immediately after orgasm. Some may need their space. Again, talk it out and work out something that works for you!

It should be fun for both of you!

CHAPTER 7

SEXUAL INTERCOURSE

Sexual intercourse is of course for procreation but also a normal direction for people who have been building up the excitement through heavy petting, oral sex, etc.

There are no right or wrong positions for having sex. The only wrong position is to have sex against another person's will.

Whatever works and is comfortable for both partners should be explored and encouraged.

Both partners should be in good health and respective of each other if they have any medical issues or idiosyncrasies.

An example of an idiosyncrasy would be during intercourse that your partner wants you to talk dirty to him or her. Calling your partner "Mom" or "Dad" however ventures into the arena of creepy and perhaps some psychological counseling is in order - unless there are no other issues in that person's life or relationship with you and you don't mind being called "Mom" or "Dad"....

Other books have talked to death about sexual positions, G spots, multiple orgasms etc. The truth is - whatever works for you and your partner is what works. There is a lot of nonsense written in women's magazines and they do not have any bearing on reality. The articles are written to excite you and sell you a new issue each month. Most of them cover the same ground - after all genitals have not changed in thousands of years...

Human beings don't work the way that a lot of articles claim they should work. In the real world, older people may be having a lot more sex than younger people. In the real world it is younger men and women who may not be able to get aroused.

Each person is different, each relationship is different and if you are working a full day and exhausted you may not have the energy to do everything that the articles claim you should be doing to have hot sex all day and night!

I always wondered if people were having hot sex day and night all the time, who is paying their rent or mortgage and what do they do for food money...

Is a disability a problem? Has something changed in the relationship where physically there is some embarrassment or maybe something doesn't quite work the same? Talk it out and seek a doctor to see if something can be worked out.

Sexual positions can be changed to accommodate anything as long as both parties are comfortable and willing.

How about a good night's sleep? Try and schedule sex after a good night's sleep or at the very least after a catnap. Make time during the day to close the door to your room and make sure that the kids aren't around and spend some time together. It will take some work to get a schedule going.

Change up the duration of the sexual intercourse. If you both only have limited amount of time, see what you can do for one another to bring each other to orgasm. Sometimes quickies are more fun than long, drawn out sex festivals.

Both people should be comfortable during sex and you should try some different positions other than missionary (man atop woman). Mix up to add variety in your life.

Doggy style sex (the man entering the woman's vagina from behind her) often leads to deeper penetration for a woman and is exceedingly pleasurable for a man as well. Make sure that both of you are well lubricated though to enjoy things better.

Medical reasons keeping you from having sex? You and your partner might try positions where both of you are comfortable, won't be disturbed for a period of time and can take your time. Give yourself some wiggle room as well – if things don't turn out great the first time, try again and forgive yourself! You are human and if your partner has any love or consideration for you will help you. Be sure you are the same way with him or her as well!

Please be sure to give yourselves a chance – you might both be pleased with the results!

CHAPTER 8

CONCLUSION

We've just touched on the surface for some of the things to get you thinking about your relationship(s) and sexuality.

If you've taken the time to go through the book, you'll have seen that you've been exposed to a lot of ideas - some you may have you already known and forgotten, hopefully some new ideas.

The rest is up to you and your partner!

All the best and may you have all the great sex that you can handle!

CHAPTER 9

INFORMATION ABOUT WOMEN'S HEALTH

The following information is from www.womenshealth.gov and can be used for a guideline to help answer some health questions if you are a woman.

Protecting Your Reproductive System

Did you know that your reproductive system is one of the most fragile systems of your body? It can easily get infected or injured. If it does, you might have long-term health problems. Taking simple steps to prevent getting or spreading HIV/AIDS and other sexually transmitted diseases (STDs) will help protect you and your loved ones. An STD is an infection or disease that you get by having vaginal, anal, or oral sex with someone who already has an STD.

Some STDs can be "silent," which means you do not show any signs of infection, illness, or disease. Others can have mild to severe symptoms. Get regular checkups for STDs, even if you do not have any symptoms.

Protecting your reproductive system also means having control over if and when you become pregnant. But choosing which type of birth control to use is not easy. Learn what types of birth control are available. Talk with your doctor or nurse to help you choose among the options.

Learn More About Birth Control

Only one method of birth control prevents pregnancy all the time. Abstinence. Abstinence means not having vaginal, anal, or oral sex at any time. NO other method of birth control prevents pregnancy all the time. But other methods are very effective at preventing pregnancy.

When choosing your birth control method, consider

Your overall health

How often you have sex

The number of sexual partners you have

If you want to have children

How well it prevents pregnancy

Potential side effects

Your comfort level with using the method

Learning how to use some forms of birth control can take time and practice.

Know that many forms of birth control do NOT protect you from getting infected with HIV or other STDS, such as gonorrhea, the human papillomavirus (HPV), herpes, and chlamydia. The best way to protect yourself is to be totally abstinent, 100 percent of the time. But using a latex male condom or a fe-male condom correctly every time you have sex helps lower your chances of getting HIV or other STDs. They do not eliminate ALL risk, however.

Types of Birth Control

No single method of birth control is the "best" one. Each has its own advantages and disadvantages.

Call for free health information 1-800-994-9662 TDD: 1-888-220-5446

Barrier methods (act as a physical the vagina to cover the block between you and your sexual partner)

Male condom. Worn by the man, a male condom keeps sperm from getting into a woman's body.

Latex condoms help prevent pregnancy and HIV and other STDs."Natural" or "lambskin" condoms also help prevent pregnancy, but they do not protect against STDs, including

HIV. Male condoms are 85 to 98 percent effective at preventing pregnancy. Condoms can only be used once. You can buy condoms, KY jelly, or water-based lubricants at a drug store. Do not use oil-based lubricants such as massage oils, baby oil, lotions, or petroleum jelly. They will weaken the condom, causing it to tear or break.

Female condom. Worn by the woman, this method keeps sperm from getting into her body. It is packaged with a lubricant and is available at drug stores. It helps reduce your chances of getting HIV and other STDs. It can be inserted up to eight hours before sexual intercourse. Female condoms are 79 to 95 percent effective at preventing pregnancy. Only one kind of female condom is available in this country, and its brand name is Reality.

Diaphragm or cervical cap. Each of these barrier methods are placed inside the vagina to cover the cervix to block sperm. The diaphragm is shaped like a shallow cup. The cervical cap is a thimble-shaped cup. Before sexual intercourse, you insert them with spermicide to block or kill sperm. The diaphragm is 84 to 94 percent effective at preventing pregnancy. Visit your doctor for a proper fitting because diaphragms and cervical caps come in different sizes. Using diaphragm or cervical caps does not protect you against STDs.

Intrauterine devices (IUDs). Copper T IUD. An IUD is a small device that is shaped in the form of a "T." Your doctor places it inside the uterus to prevent pregnancy. It can stay in your uterus for up to 10 years.

It does not protect you from HIV or other STDs. This IUD is 99 percent effective at preventing pregnancy.

Mirena intrauterine system (IUS). The IUS is a small T-shaped device like the IUD. It is placed inside the uterus by a doctor. It releases a small amount of a hormone each day to keep you from getting pregnant. The IUS stays in your uterus for up to five years. It does not protect you from HIV or other STDs. The IUS is 99 percent effective at preventing pregnancy.

Oral contraceptives. Also called "the pill", it contains the hormones estrogen and progestin. It is prescribed by a doctor. A pill is taken at the same time each day. It does not protect against HIV or other STDs. If you are older than 35 and smoke, or have a history of blood clots, breast cancer, or endometrial cancer, your doctor may advise you not to take the pill. The pill is 92 to 99 percent effective at preventing pregnancy.

Mini-pill. Unlike the pill, the mini-pill only has one hormone, instead of both estrogen and progestin. It is prescribed by a doctor. It is taken at the same time each day. Mothers who breastfeed can use the mini-pill because it will not their milk supply. It is a good option for women who can't take estrogen or for women who have a risk of blood clots. The mini-pill does not protect against HIV or other STDs. They are 92 to 99.9 percent effective at preventing pregnancy.

Patch (Ortho Evra). This skin patch is only worn on the lower abdomen, buttocks, or upper body. This method prescribed by a doctor. It releases the hormones pro-progestin and estrogen into the bloodstream. You put on a new patch once a week for three weeks. During the fourth week, you do not wear a patch, so you can have a menstrual period. The patch is 92 to 99 percent effective at preventing pregnancy. But it appears to be less effective in women who weigh more than 198 pounds. It does not protect against HIV or other STDs.

Hormonal vaginal contraceptive ring (NuvaRing). The NuvaRing releases the hormones progestin and estrogen. Your doctor places the ring inside your vagina to go around your cervix (the opening to your womb). You wear the ring for three weeks, take it out for the week that you have your period, and then put in a new ring. It is 92 to 99 percent effective at preventing pregnancy. This method does not protect you from HIV or other STDs.

Depo-Provera. Women get shots of the hormone progestin in the buttocks or arm every three months from their doctor. It does not protect you from HIV or other STDs. It is 97 to 99 percent effective at preventing pregnancy.

Emergency contraception. Emergency contraception is NOT a regular method of birth control. It should never be used as one. Emergency contraception should be used after no birth control was used during sex, or if the birth control method failed, such as if a condom broke. Neither of the two methods described here protects you from HIV or other STDs.

One type of emergency contraception requires you to take two doses of hormonal pills 12 hours apart. You have to take the pills starting within three days (72 hours) after having unprotected sex. They are sometimes referred to as "morning after" pills, even though they can be used up three days later. The pills are 75 to 89 percent effective at inhibiting ovulation, fertilization, or implantation of a fertilized egg in the uterine wall, or all three. Plan B is available over the counter for women age 18 and older. Plan B is available by prescription for women age 17 and under. (Plan B is the brand name of one product approved by the Food and Drug Administration foruse as emergency contraception.)

Another type of emergency contraception is having your doctor insert the Copper T IUD into your uterus within seven days of unprotected sex. This method is 99.9 percent effective at inhibiting ovulation, fertilization, or implantation of a fertilized egg in the uterine wall, or all three.

Surgical options
Surgical sterilization. These surgical methods are meant for people who want a permanent method of birth control. In other words, they never want to have a child, or they do not want more children. Both methods listed here are 99 to 99.5 percent effective at preventing pregnancy. These surgical options do not protect you from HIV or other STDs.

Tubal ligation or "tying tubes."

A woman can have her fallopian tubes tied (or closed) to stop eggs from going down to her uterus where they can be fertilized.

The procedure can be done in a hospital or in an outpatient surgical center. You can go home the same day of the surgery and resume your normal activities within a to few days. This method is effective immediately. In the first year after the surgery, your chance of getting pregnant is less than 1 percent. Over time, the ends of your fallopian tubes could fuse back together, and it may be possible to get pregnant. Failure rates have been reported in women who had their tubes tied earlier in their lives. But these failure rates are lower in women who are older when they have tubal ligation.

Vasectomy [va-sec-toe-me]. This operation is done to keep a man's sperm from going to his penis, so his ejaculate never has any sperm in it that can fertilize an egg. This operation is simpler than tying a woman's tubes. The procedure is done at an outpatient surgical center. The man can Surgical options go home the same day. Recovery time is less than one week.

After the operation, a man visits his doctor for tests to count his sperm and to make sure the sperm count has dropped to zero. It may take a few weeks for that to happen. Another form of birth control should be used until the man's sperm count has dropped to zero.

Continuous abstinence. This method means not having vaginal, anal, or oral sex at any time. It is the only 100-percent effective way to prevent pregnancy, HIV, and other STDs.

Non-surgical sterilization (Essure Permanent Birth Control System). It is the first non-surgical method of sterilizing women. A thin tube is used to thread a tiny device into each fallopian tube. It irritates the fallopian tubes and causes scar tissue to grow and permanently plug the tubes. It can take about three months for the scar tissue to grow, so use another form of birth control during this time. Return to your doctor for a test to see if scar tissue has fully blocked your fallopian tubes. With blocked tubes, you can't get pregnant. Research studies followed more than 600 women for one year. None had any pregnancies when the devices were implanted correctly. It does not protect you from HIV or other STDs.

Natural family planning or fertility awareness. Understanding your monthly fertility pattern can help you plan to get pregnant or to avoid getting pregnant. Your fertility pattern is the number of days in the month when you are fertile (able to get pregnant), days when you are infertile, and days when fertility is un-likely, but possible. If you have a regular menstrual cycle, you have about nine or more fertile days each month. If you do not want to get pregnant, you do not have sex on the days you are fertile, or you use a form of birth control on those days. To learn more about your monthly fertility pattern, go to www.womenshealth.gov These methods are 75 to 99 percent effective at preventing pregnancy. They do not protect you from HIV or other STDs.

Spermicides. These products work by killing sperm and come in several forms— foam, gel, cream, .lm, suppository, or tab-let. They are placed in the vagina no more than one hour before intercourse. You leave them in place at least six to eight hours after intercourse. You can use a spermicide in addition to a male condom, diaphragm, or cervical cap. Spermicides alone are about 71 to 82 percent e. ective at preventing pregnancy. They can be purchased in drug stores. Vaginal spermicide with Nonoxynol-9 will not protect you from HIV or other STDs, such as gonorrhea or chlamydia.

Learn More About STDs
STDs can be a real threat to your health, especially if they are not treated. STDs can result in life-long problems, including blindness, bone deformities, mental retardation, and death for infants infected by their mothers during pregnancy or birth. In women, STDs can lead to pelvic inflammatory disease (PID), infertility, ectopic pregnancies (pregnancies that occur in the fallopian tubes instead of the uterus), and cancer of the reproductive system.
Early treatment of STDs is important. The quicker you seek treatment, the less likely the STD will cause you
severe harm. The sooner you tell your sexual partner(s) that you have an STD, the sooner they can get treated. If you are treated for an STD, and your partner is not treated, and you have unprotected sex, then you can get the STD again. Get regular follow-up visits with your doctor.

Sometimes a person may be too scared embarrassed to ask for information about STDs or to ask for help. Keep in mind that some STDs are curable, such as chlamydia, gonorrhea, syphilis, and trichomoniasis. Other STDS can only be treated, not cured. These STDs, such as herpes, can be spread to another person, even if they are under control and managed with medicines. A vaccine is available that protects people against the human papillomavirus (HPV) and the hepatitis B virus (HBV).

The HPV vaccine protects against four HPV embarrassed to ask for information about types, which together cause 70 percent of cervical cancers and 90 percent of genital warts. The HPV vaccine is recommended for 11- to 12-year-old girls as well as 13- to 26-year-old girls and women. It can be given to girls as young as 9. Ideally, females should get the vaccine before they are sexually active. Girls and women who have not been infected with any of those four HPV types will get the full and the benefits of the vaccine. Females who are sexually active may also benefit from the vaccine.

It does not treat existing HPV infections, genital warts, precancers, or cancers.

Once an individual has HPV, the symptoms can be treated but not cured. When you visit your doctor, tell him or her if you are allergic to any medications. Take all medicines exactly as prescribed. Do not skip taking your medications. Do not share your medications. Ask about any possible side effects of the medicine or dietary supplements BEFORE you take them, especially if you are pregnant or nursing.

After treatment, visit your doctor again to make sure you are cured. A few STDs are resistant to certain medicines, so your doctor may need to prescribe a different medicine for you.

HIV is an STD that can be spread through having sex (vaginal, anal, or oral) with a person who has HIV. HIV (the human immunodeficiency virus) causes AIDS, the acquired immunodefciency syndrome. HIV attacks the body's immune system, which is its natural defense system against disease. The virus destroys one type of blood cells (CD4 cells) that helps the body fight off and destroy germs.
HIV can also be passed from one person to another person in other ways, besides having sex. A person can get infected with HIV by sharing needles with a drug user who has HIV or AIDS.

The virus can also be passed from a mother who has HIV or AIDS to her baby during pregnancy. AIDS has no cure, but it can be treated to reduce its symptoms and to prolong life. Get tested.

Ask your partner to get tested. Know your HIV/AIDS status. Know your partner's HIV/AIDS status. Knowing helps prevent getting HIV or passing it on to someone else. Treatment is most effective when started early. For detailed information on HIV/AIDS, visit www.womenshealth.gov/ HIV and www.cdc.gov/std.

The good news is that STDs can be prevented.

Don't share needles or IV (intravenous) to treat.

Talk with your sex partner(s) about STDs, HIV, and using condoms. It's up to you to make sure you are protected.

Remember, it's YOUR body!

CHAPTER 10

General Health Tips for Men and Women from The US Dept of Health and Human Services, Center for Disease Control Prevention.

Most people think of the CDC as the organization of super agents who help crack all the cases on television and in the movies with biological terrorists. They also do a lot of work on promoting good health for people as the following links point out.

Tips for a Healthy Life for Men

Eat Healthy
http://www.cdc.gov/nutrition/
"An apple a day keeps the doctor away." There's more truth to this saying than we once thought. What you eat and drink and what you don't eat and drink can definitely make a difference to your health. Eating five or more servings of fruits and vegetables a day and less saturated fat can help improve your health and may reduce the risk of cancer and other chronic diseases. Have a balanced diet, and watch how much you eat.

Maintain a Healthy Weight
http://www.cdc.gov/nccdphp/dnpa/obesity/
Obesity is at an all time high in the United States, and the epidemic may be getting worse. Those who are overweight or obese have increased risks for diseases and conditions such as diabetes, high blood pressure, heart disease, and stroke. Eat better, get regular exercise, and see your health care provider about any health concerns to make sure you are on the right track to staying healthy.

Get Moving
http://www.cdc.gov/nccdphp/dnpa/physical/
More than 50 percent of American men and women do not get enough physical activity to provide health benefits. For adults,

thirty minutes of moderate physical activity on most, preferably all, days of the week is recommended. It doesn't take a lot of time or money, but it does take commitment. Start slowly, work up to a satisfactory level, and don't overdo it. You can develop one routine, or you can do something different every day. Find fun ways to stay in shape and feel good, such as dancing, gardening, cutting the grass, swimming, walking, or jogging.

Be Smoke-Free
http://www.cdc.gov/tobacco/how2quit.htm
Health concerns associated with smoking include cancer and lung disease. Smoking triples the risk of dying from heart disease among those who are middle-aged. Second-hand smoke - smoke that you inhale when others smoke - also affects your health. If you smoke, quit today! Helplines, counseling, medications, and other forms of support are available to help you quit.

Get Routine Exams and Screenings
http://www.cdc.gov/men/tips/exams.htm
Sometimes they're once a year. Other times they're more or less often. Based on your age, health history, lifestyle, and other important issues, you and your health care provider can determine how often you need to be examined and screened for certain diseases and conditions. These include high blood pressure, high cholesterol, diabetes, sexually transmitted diseases, and cancers of the skin, prostate, and colon. When problems are found early, your chances for treatment and cure are better. Routine exams and screenings can help save lives.

Get Appropriate Vaccinations
http://www.cdc.gov/nip/recs/adult-schedule.htm
They're not just for kids. Adults need them too. Some vaccinations are for everyone. Others are recommended if you work in certain jobs, have certain lifestyles, travel to certain places, or have certain health conditions. Protect yourself from illness and disease by keeping up with your vaccinations.

Manage Stress
http://www.cdc.gov/niosh/topics/stress/
Perhaps now more than ever before, job stress poses a threat to the health of workers and, in turn, to the health of organizations. Balancing obligations to your employer and your family can be challenging. What's your stress level today? Protect your mental and physical health by engaging in activities that help you manage your stress at work and at home.

Know Yourself and Your Risks
http://www.cdc.gov/men/tips/know.htm
Your parents and ancestors help determine some of who you are. Your habits, work and home environments, and lifestyle also help to define your health and your risks. You may be at an increased risk for certain diseases or conditions because of what you do, where you work, and how you play. Being healthy means doing some homework, knowing yourself, and knowing what's best for you... because you are one of a kind.

Be Safe - Protect Yourself
http://www.cdc.gov/men/tips/besafe.htm
What comes to mind when you think about safety and protecting yourself? Is it fastening seat belts, applying sunscreen, wearing helmets, or having smoke detectors? It's all of these and more. It's everything from washing your hands to watching your relationships. Did you know that men at work die most frequently from motor vehicle incidents, machine-related injuries, homicides, and falls? Take steps to protect yourself and others wherever you are.

Be Good to Yourself
http://www.cdc.gov/node.do/id/0900f3ec80059b1a
Health is not merely the absence of disease; it's a lifestyle. Whether it's getting enough sleep, relaxing after a stressful

day, or enjoying a hobby, it's important to take time to be good to yourself. Take steps to balance work, home, and play. Pay attention to your health, and make healthy living a part of your life.

Tips for a Healthy Life for Women

Eat Healthy
http://www.cdc.gov/nutrition/
"An apple a day keeps the doctor away." There's more truth to this saying than we once thought. What you eat and drink and what you don't eat and drink can definitely make a difference to your health. Eating five or more servings of fruits and vegetables a day and less saturated fat can help improve your health and may reduce the risk of cancer and other chronic diseases. Have a balanced diet, and watch how much you eat.

Maintain a Healthy Weight
http://www.cdc.gov/nccdphp/dnpa/obesity/
Obesity is at an all time high in the United States, and the epidemic may be getting worse. Those who are overweight or obese have increased risks for diseases and conditions such as diabetes, high blood pressure, heart disease, and stroke. Eat better, get regular exercise, and see your health care provider about any health concerns to make sure you are on the right track to staying healthy.

Get Moving
http://www.cdc.gov/nccdphp/dnpa/physical/
More than 50 percent of American men and women do not get enough physical activity to provide health benefits. For adults, thirty minutes of moderate physical activity on most, preferably all, days of the week is recommended. It doesn't take a lot of time or money, but it does take commitment. Start slowly, work up to a satisfactory level, and don't overdo it. You can develop one routine, or you can do something different every day. Find fun ways to stay in shape and feel

good, such as dancing, gardening, cutting the grass, swimming, walking, or jogging.

Be Smoke-Free
http://www.cdc.gov/tobacco/how2quit.htm
Health concerns associated with smoking include cancer, lung disease, early menopause, infertility, and pregnancy complications. Smoking triples the risk of dying from heart disease among those who are middle-aged. Second-hand smoke - smoke that you inhale when others smoke - also affects your health. If you smoke, quit today! Help lines, counseling, medications, and other forms of support are available to help you quit.

Get Routine Exams and Screenings
http://www.cdc.gov/women/tips/exams.htm
Sometimes they're once a year. Other times they're more or less often. Based on your age, health history, lifestyle, and other important issues, you and your health care provider can determine how often you need to be examined and screened for certain diseases and conditions. These include high blood pressure, high cholesterol, diabetes, sexually transmitted diseases, and cancers of the skin, cervix, breast, and colon. When problems are found early, your chances for treatment and cure are better. Routine exams and screenings can help save lives.

Get Appropriate Vaccinations
http://www.cdc.gov/nip/recs/adult-schedule.htm
They're not just for kids. Adults need them too. Some vaccinations are for everyone. Others are recommended if you work in certain jobs, have certain lifestyles, travel to certain places, or have certain health conditions. Protect yourself from illness and disease by keeping up with your vaccinations.

Manage Stress
http://www.cdc.gov/niosh/topics/stress/

Perhaps now more than ever before, job stress poses a threat to the health of workers and, in turn, to the health of organizations. Balancing obligations to your employer and your family can be challenging. What's your stress level today? Protect your mental and physical health by engaging in activities that help you manage your stress at work and at home.

Know Yourself and Your Risks
http://www.cdc.gov/women/tips/know.htm
Your parents and ancestors help determine some of who you are. Your habits, work and home environments, and lifestyle also help to define your health and your risks. You may be at an increased risk for certain diseases or conditions because of what you do, where you work, and how you play. Being healthy means doing some homework, knowing yourself, and knowing what's best for you... because you are one of a kind.

Be Safe - Protect Yourself
http://www.cdc.gov/women/tips/besafe.htm
What comes to mind when you think about safety and protecting yourself? Is it fastening seat belts, applying sunscreen, wearing helmets, or having smoke detectors? It's all of these and more. It's everything from washing your hands to watching your relationships. Did you know that women at work die most frequently from homicides, motor vehicle incidents, falls, and machine-related injuries? Take steps to protect yourself and others wherever you are.

Be Good to Yourself
http://www.cdc.gov/node.do/id/0900f3ec80059b1a
Health is not merely the absence of disease; it's a lifestyle. Whether it's getting enough sleep, relaxing after a stressful day, or enjoying a hobby, it's important to take time to be good to yourself. Take steps to balance work, home, and play. Pay attention to your health, and make healthy living a part of your life.

El pequeño libro de
Sexo caliente para la gente fresca:
Quiero el sexo, mi socio no hago

Por

Emilio Kuriyakin

Publicado por las colinas y los valles
sensuales Los Angeles, California, USA

El pequeño libro del sexo caliente para la gente fresca:
Quiero el sexo, mi socio no hago

por Emilio Kuriyakin
Todos los derechos reservados. No se reproducirá, será almacenado en un sistema de recuperación, o transmitido ninguna parte de este libro por cualquier medio, electrónico, mecánico, fotocopiando, registrando, o de otra manera, sin el permiso de escritura del editor. No se asume ninguna responsabilidad de la patente con respecto al uso de la información contenida adjunto. Aunque cada precaución se haya admitido la preparación de este libro, el editor y el autor no asumen ninguna responsabilidad de errores o de omisiones. Ni una ni otra es cualquier responsabilidad presunta para los daños resultando del uso de la información contenido adjunto.

Nota: Esta publicación contiene las opiniones y las ideas de su autor. Se piensa para proporcionar el material provechoso e informativo en el tema cubierto. Se vende con la comprensión que no contratan al autor y al editor a servicios profesionales de la representación en el libro. Si el lector requiere ayuda o consejo personal, un profesional competente debe ser consultado.

El autor y el editor niegan específicamente cualquier responsabilidad de cualquier responsabilidad, pérdida o riesgo, personales o de otra manera, que se contrae por consiguiente, directo o indirectamente, del uso y del uso del contenido un de los de este libro. Con ése que es dicho, gozar del libro!

Publicado por las colinas y los valles sensuales adentroLos Angeles, California, USA.
ISBN-10 0-9777282-5-0
ISBN-13 978-0-9777282-5-1

Mayo de 2007

Dedicado a Kevin y Bean, el equipo de la demostración de mañana y los oyentes a la radio de KROQ que están todos en extrema necesidad del sexo caliente.

INTRODUCCIÓN

Hey! Había una época hace millón de años cuando usted tenía sexo toda la hora? Diario era el sexo caliente para la gente fresca? Ahora, parece como el sexo se ha refrescado apagado? Usted todavíaAREmás fresco y usted merecen todo el sexo caliente que usted puede manejar. Las ocasiones son sin embargo si usted está leyendo este libro, las cosas pueden necesitar un poco de la elaboración en su vida.

Usted es quizá demasiado cansado del trabajo todo el dia para tener sexo. Su socio está quizá. Usted no tiene quizá un socio. Hay quizá algunas ediciones físicas, emocionales o mentales con las cuales usted necesita sentir cómodo antes de que usted pueda comenzar a sentir mejor sobre se y a tener sexo. Hay quizá cabritos en el cuadro. Había quizá algo que sucedió en el pasado donde usted no puede confiar en a su socio e incluso está comenzando a desconfianza!

En la tensión de hoy el mundo llenado allí es muchas presiones y las expectativas poco realistas y ellas se aplican a la gente que está teniendo sexo caliente y a las que no sean. Este libro es ayudar a gente a conseguir al punto donde ella está en el camino encantador a tener el sexo mejor que ella puede en sus vidas.

Han inundado a la mayoría de la gente en todo el mundo con millares de las imágenes, de las palabras etc sobre sexo. Los departamentos de la comercialización y el Internet utilizan el sexo pues una herramienta de las ventas hasta tal punto que la mayoría de la gente sana comienza a bloquear imágenes y respuestas a tanto sobre el estímulo. Las imágenes, los sonidos etc. todavía (discutible) pueden darnos vistas poco realistas de lo que debemos tener y de lo que debemos hacer para tener una gran vida sexual. En vez de gente de ayuda librarse de sus inhibiciones que termina para arriba la frustración de ellas en que piensan más ellas necesita vivir hasta una cierta idea imaginaria de un hombre o de una mujer.

Si absorben a un socio con el Internet que la persona necesita para realizar eso en la gente del mundo real no parecer ni actuar sus avatares de la tela o estrellas de la pornografía.

Juntar esto con los días de fiesta donde mucha gente comienza a sentir como la mierda porque ella no está teniendo lo que ella percibe debe ser el mejor sexo de allí vive para los días de fiesta.

Por favor! Nada puede ser más futuro de la verdad. Usted es quién usted es y sus preferencias sexuales, identidad y opciones son todas hasta lo que trabaja para usted. No conducirse en soledad o la provocación porque usted no llena hasta un cierto estándar imaginario de estar en una relación o no. Usted también tiene diversos niveles sexuales en diversos puntos en su nivel. En algunos puntos en su vida usted puede ser más córneo que otros.

TENEDORES DE APUESTAS EMOCIONALES PARA EL SEXO

Los conflictos sobre cualquier cosa (sexo incluyendo) SE PUEDEN resolver por la comunicación y el compromiso SOLAMENTE SI AMBA GENTE CONVIENETRYWORKHACIA FUERA LAS EDICIONES. Eso suena ASÍ QUE fácil no hace? Desafortunadamente, el sexo es una edición EMOCIONALMENTE tan cargada que usted tiene que aumentar hasta el punto para hablar y negociar realmente sus negociaciones!

Sobre todo - tener cierta empatía y respetarla por su socio. Su socio necesita quizá una cierta hora lejos de los cabritos o a su o ella misma. La oferta para mirar a los cabritos en una mamá del día libre (o papá si él es un padre casero) puede salir y hacer tan algo que quieren hacer. Cambiará la disposición mental de esa persona. Usted y su socio no son mulas - aunque usted puede ser que consiga respuestas obstinadas como si usted fuera mulas.

En segundo lugar - ser honesto pero no ser embotado! Si sus niveles del sexo no son iguales más usted necesidad de preguntarse lo que usted puede hacer para intentar y para hacer una cierta forma de equidad con su socio. Hay algo que usted puede todavía hacer para satisfacerlo? Cuál sería algo que él puede hacer por favor a usted?

Hay muchos tabúes y artículos emocionales de que alguna gente no tiene gusto de hablar cuando vienen al sexo. Están ninguno de estos botones calientes para usted?

Obsesionado con el sexo del Internet o ideales sexuales poco realistas.

No queriendo realizar el sexo oral.

No interesado en el sexo - período.

Querer recibir el sexo oral pero no darlo.

No interesado en la exploración de otros actos de sexo (sexo anal).

No consiguiendo excitado con su socio más.

Temer que usted esté confiando un pecado.

Amor propio bajo general.

Mala uno mismo-imagen de su cuerpo.

Hay porciones más pero éstos parecen ser los artículos emocionales comunes. No son algo que usted puede sentarse fácilmente y resolución en una sesión de hablar. Toma mucho amor y paciencia y más importantemente BUENA VOLUNTAD de ambos socios de querer elaborar algo.

Hay siempre la ocasión también que usted y su socio no deben ser juntos. Si ése es el caso, usted necesita honesto enfrentar la situación, toma la acción y el movimiento encendido con sus vidas. Este libro está sin embargo sobre las cosas de exploración que pudieron ayudarle a resolver sus ediciones.

Este libro lo rompe abajo. Vamos a seguir las reglas de K.i.S.S. - mantenerlo simple alguien. Sé que la expresión es "subsistencia él estúpido simple" pero usted no es ciertamente estúpido si usted está haciendo algo hacer su vida (y la vida de su socio si fuera aplicable) más agradable. Los estudios incontables han demostrado a esa gente que tienen buen sexo en una sensación regular de la base (lo que ése es a cada individuo) mejor, consiguen a lo largo de mejor con su familia y amigos y se realizan mejor en sus trabajos.

El sexo caliente consigue la sangre que fluye, aumenta la circulación, puede ser emocionante o de relajación y consigue el funcionamiento del cuerpo. Si usted tiene una dolencia que evite que suceda el sexo convencional, consultar por favor con un doctor pero hay otras avenidas para conseguir el lanzamiento que el sexo caliente (y esperanzadamente grande) transporta.

También no contar con cualquier cosa nuevo o revolucionario. Hay un viejo refrán sabio que la "aclaración es apenas un acto de la conmemoración." Este libro esperanzadamente apenas le recordará lo que usted quiere y está intentando hacer e intento para ayudarle a volver en pista a la sensación grande y que hace su sensación del socio grande!

Cóndor del as

May 01 2007

CAPÍTULO 1

EL SEXO NO HA CAMBIADO

La gente es fundamental igual que ella está hoy como ella estaba hace miles de años. Biológico no hemos cambiado la manera que reproducimos y las impulsiones y los gustos de sexo de los hombres y de las mujeres han sido iguales desde tiempos del hombre de las cavernas.

Cultural y público puede haber cambios pero los cuerpos de la gente son iguales.

Hombres y mujeres, si están en buena salud, un buen lugar en sus cabezas y sus corazones, como tener cópula sexual, sexo oral, posiblemente sexo anal, quizás sexo de la esclavitud - en lo que están.

Éste no es algo que acaba de suceder o apenas está sucediendo - es la manera que nos atan con alambre.

Diversa gente tiene diversos niveles de placer y necesita diversas cosas conseguir cómodas disfrutar del sexo. Hay ni manera correcta ni la manera incorrecta de tener sexo mientras todos los partidos implicados sean consensuales, nadie consigue daño y no hay enfermedades o embarazos indeseados.

Hierve abajo al hecho de que el sexo está utilizado para la procreación. En hombres y mujeres, los niveles de deseo para el sexo pueden cambiar basado en su salud, edad y estado mental pero no importa qué la gente le dice, incumbe a usted qué trabaja y qué no trabaja.

Aquí está la primera cosa entonces que pediré que usted descubra sobre se (y usted puede ser honesto porque nadie con excepción de usted sabrá la respuesta a menos que usted hable hacia fuera ruidoso mientras que usted lee esto y esté en un tren):

Qué le excita sexual? Qué flota su barco? La razón le estoy preguntando que estas preguntasNOWson ésa salvo relaciones tempranas y las cosas que usted puede necesitar para explorar con un psicólogo, usted necesitan familiarizarse con en donde usted estáNOWporque usted está viviendo en el presente. Usted está leyendo este libro (o lo está releyendo posiblemente) porque hay una sensación que usted falta algo en su vida. Que detalle algo que usted siente falta tiene que hacer por lo menos en parte, con su vida sexual.

Necesitamos tan descubrir cuáles es eso.

Usted consigue emocionado en los cuadros o las películas de hombres desnudos? Cómo sobre mujeres desnudas? Cómo sobre ambos? Si usted está en una relación hace su impulsión del socio usted loco sexual? Es su socio inasequible? Es usted una persona táctil? Hace usted tiene gusto de ser "delicado feely" y el contacto con la piel hace que usted tiembla con placer? Son usted una persona auditiva y la audiencia sobre el sexo, el hablar sucio y gráficamente o suavemente le hacen caliente e incomodado? Es usted una persona visual donde la vista de un hombre/de una mujer desnudos con un pene erguido/una vagina húmeda le envía a la luna?

Cómo sobre sensaciones? Qué partes de su cuerpo están consiguiendo excitadas? Usted está consiguiendo sobre una enfermedad o usted tiene una dolencia y algunas partes de su cuerpo apenas no están respondiendo como utilizan a? Hay algo que entra encendido en su vida que usted está encontrando que usted no puede parar el pensamiento de-uniforme por cinco minutos?

Hay ediciones físicas que le estén incomodando? Por supuesto encontrar y buscar a un doctor y/o a profesional que usted puede hablar con y confianza.

Hay ciertas cosas o los juguetes que le giren? Cómo sobre ciertas cosas taboo (y guardarla por favor a los tabúes razonables - yo no endosan cualquier cosa que da lugar a daño cualquiera o cualquier cosa)?

Hacer un registro privado o si usted es el tipo paranoico, una cierta clase de notas cifradas así que usted puede ver que cuál es ése le hace feliz y entonces podemos movernos sobre el paso siguiente.

Cuáles son las razones que usted no puede llegar a ser feliz?

Usted ha encontrado a ese socio especial con el fetiche de la crema del azote para rodar encima cuerpos de cada uno en crema del azote? Consigue pegajosa y poco una demasiado dulce después de un rato pero usted descubrirá para ustedes mismos....

Si usted es un hombre, usted está buscando que persona especial para dar masajes y para ordeñar a su próstata seca como una vaca?

Si usted es una mujer, usted está buscando que el hombre perfecto que sabe lamer su G-punto así como masaje sus pechos?

Usted no está consiguiendo bastantes paseos del sexo oral/del sexo anal/del abrazo/del potro en su relación?

No es su socio actual capaz o que quiere de trabajar con usted para ayudarle a conseguir el lanzamiento sexual que usted está buscando? Es quizá hora de sentarse y de hablar con esa persona honesto. Si los dos de usted cuidan para uno a y pueden hablar, usted debe poder venir a una cierta clase de arreglo y de comprensión. Si esa persona es inaccesible, usted necesita quizá, a pesar circunstancias, un nuevo socio! Usted tiene que mirar la relación entera, especialmente si otros están implicados - como niños - y pesan cuidadosamente sus opciones, reacciones de su socio y consecuencias posibles. No puede ser agradable sino que es algo que usted necesita para intentar y para pensar de desapasionado.

Una vez más estas respuestas son las suyas y nadie pero son las fundaciones para lo que usted necesitará hacer para conseguir el punto al tener que el sexo caliente de que estamos hablando en el título de este libro!

Si usted es una lectura de menor importancia este libro, usted tendrá que ser paciente. Poner de lado el libro hasta que usted es más viejo. Entonces releerlo... Satisfacer por favor no intentan por favor salir en la tela o en el mundo real que busca socios o placer. Habrá un montón de tiempo en que usted es un adulto y el mundo es lleno de depredadores que puedan lastimarle. Confiarme en que cuando usted es un adulto habrá un montón de hora para el sexo.

Si usted no es cómodo con se (su cuerpo, su personalidad, su mente, su corazón, su alma), usted no tiene una comprensión del control de la natalidad (cómo utilizarla, cómo cerciorarse de a su socio puede necesitar utilizarla), - las enfermedades transmitidas (cerciorarse de le para conseguir análisis de sangre) y no pueden comunicar bien - no tiene sexual por favor sexo! Usted necesitará entender todas estas cosas para encontrar a un socio que lo entienda también!!!! Todo lo demás pudo ser una receta para los problemas después....

CAPÍTULO 2

ETAPAS DEL SEXO EN SULIFE-SEEEVENTUALMENTE DE
ÉSTOS APLICARSE A USTED!

Dónde está usted en la etapa del sexo de su vida? Esto le
ayudará en la contestación de las preguntas que usted debe
preguntarse del capítulo anterior. Nota amonestadora

especial: Si usted tiene cabritos, las ocasiones son que usted y su socio ambos serán bastante cansados no importa qué la edad usted está adentro, ninguna materia si usted es recto, gay o los cabritos son naturalmente los suyos o adoptado. Usted ambos necesitará hacer esfuerzo adicional para ser paciente, amando y entendiendo puesto que tensionarán ambos usted hacia fuera y culpa propensa usted mismo y a falta de intimidad. Por favorDON'T! Eso sucede cuando los cabritos nacen y siendo consciente de él usted puede llevar las primeras medidas la custodia de su unión (o de la relación) y de su familia junto.

De nuevo a las etapas del sexo....

JOVEN (debajo de 21) - viviendo en el país, escoger y ninguĺ n lugar para bajar. Masturbate mucho en el cuarto de baño, dormitorio y tienen que ocultar la pornografía y el claro los acoplamientos de Internet a los sitios de la pornografía que usted no debe mirar. Esperanzadamente usted no es vivo en una situación adonde alguien se está adelantando a usted o espeluznante. Si es así eso alterará su opinión sobre sexo y usted debe buscar ayuda profesional alguien que usted puede confiar en!

De nuevo a las cosas que entran encendido en esta etapa - explorando con acariciar pesado, el sexo oral (blowjobs o gatito que comen) y (si en absoluto) la cópula sexual infrecuente. Si usted está viviendo en el país y joven, usted realmente no debe tener cópula sexual todavía. Emocionalmente y mentalmente usted no puede estar listo para ella aunque es su cuerpo.

Si usted es una muchacha, usted pudo haber conseguido ya embarazado. Es una responsabilidad grande tomar cuidado de un niño y usted no puede venderlo con engan¢o apagado en padres o parientes - especialmente si tienen ya tener sus manos por completo!

Si usted es un individuo, usted tiene una nueva responsabilidad apenas como hace la muchacha. Hay una nueva vida que los dos de usted trajeron en el mundo y usted necesitará tomar el cuidado de él. Las ocasiones son usted no podrán conseguir un gran trabajo que paga y muchos planes tendrán que ir en asimiento porque usted tiene un niño para tomar cuidado de.

Si usted es gay, usted ha intentado alguno que exploraba y está viniendo probablemente a los términos de lo que usted tiene gusto, qué le da vuelta por intervalos. Usted puede tener que tener muy cuidado de quién usted habla con alrededor sus sensaciones. Hallazgo alguien que usted puede confiar en! Usted no quiere su historia de vida que aparece en un blog o como archivo de la película en el Internet.

El fondo es que usted necesita entender que usted sea ejercido presión sobre en tener sexo. Si la gente le embroma sobre tener sexo o intenta goad le en él, ésas son las razones incorrectas para tener sexo. Usted no debe ser forzado en tener ninguna clase de actividad sexual contra su voluntad; si le hace incómodo o apenas no querer a. Nunca.

Razones para sostenerse apagado en cópula sexual:

Los individuos tienen más interés en los juegos video en esta edad que ayudando a tomar cuidado de un bebé si la muchacha consigue embarazada. La autorización, individuos hace que más interés en los juegos video generalmente en CUALQUIER edad pero usted entienda de lo que estoy hablando aquí. No hay generalmente mucha madurez con un hombre joven que esté pensando más con su martillo que su cabeza.

Las estadísticas no están con los pares jovenes que cualquier relación de largo plazo trabajará, especialmente si hay bebés unwed implicados.

El embarazo a un lado, allí es muchas frustraciones, ideas falsas y sensaciones malísimas ocasionalmente que todos en la tierra está teniendo el sexo (y mejor sexo) que usted. Eso apenas no es verdad. La realidad es que la mayoría de la sensación de la gente exactamente como usted hace en su edad, llena de hormonas, de vida y de energía así como la confusión y cielos y tierra emocionales. Tanto más razón para relajarse; foco en conseguir una educación o un comercio y conseguir su uno mismo listo para ser un adulto fresco.

Usted puede hacer esa compra que comienza a comer sano, ejercitando y consiguiendo un buen trabajo que paga. El sexo caliente seguirá....

ADULTO JOVEN (21 a 35) - viviendo en el país/de fuera.

Usted es en la etapa de su vida donde usted que comienza a explorar y a entender lo que usted tiene gusto, tiene aversión (tan bien como intentar y work/go a la escuela/a la ayuda con su familia/aumento una familia). Teóricamente, usted debe poder tener el espacio para tener relaciones sexuales. Ése no es siempre el caso sin embargo, es? Usted puede ser demasiado ocupado, demasiado cansado o en una posición donde usted no tiene la aislamiento que usted está buscando para tener sexo.

Si usted es gay usted puede tener la época de su vida. Tener cuidado hacia fuera allí. Hay muchas enfermedades y depredadores en el mundo de la datación.

El ADULTOAGEMEDIO (36 a 49) - su propio espacio (o por lo menos usted sabe adónde ir si usted necesita bajar), usted sabe de lo que usted tiene gusto y no tiene gusto.

En esta etapa, usted debe por lo menos saber qué le gira y si usted está en una relación de largo plazo, qué gira a su socio. Usted es en la etapa de su vida donde usted que comienza a explorar y a entender lo que usted tiene gusto, tiene aversión (tan bien como intentar y work/go a la escuela/a la ayuda con su familia/aumento una familia). Teóricamente, usted debe poder tener el espacio para tener relaciones sexuales. Ése no es siempre el caso sin embargo, es? Usted puede ser demasiado ocupado, demasiado cansado o en una posición donde usted no tiene la aislamiento que usted está buscando para tener sexo. Más viejos hombres tienden a poder sostenerse apagado en culminar y las mujeres tienden a saber sus cuerpos más y a saber qué los satisface (así como sus socios).

Productos químicos POSTERIORES del ADULTO (50 y suben) - abundan.

Salvo razones de la salud, hay drogas en el mercado para ayudar a hombres a mantener erecciones y a ayudarles para realizarse sexual mientras estén respirando. Mientras nadie consiga un ataque del corazón, el sexo es una gran manera de ayudar a permanecer en forma, consigue la relajación mientras haya interés.

Para las mujeres, algunas mujeres son no más interesadas y otras hallazgo que están teniendo algo del mejor sexo de sus vidas una vez que están sobre 50.

Tan recordar que cada persona es diferente y las categorías anteriores eran apenas pautas ásperas, nos dejan consiguen la base apartada antes de que comencemos a hablar de específicos sexuales.

CAPÍTULO 3

RELATIONSHIP BUILDING- CONOCERSE! SABER OTROS!

Para tener gran sexo, una cosa importante que tiene que ser in place es una buena relación. La primera relación que usted necesita estar en buenos términos con es usted mismo.

Preguntas que usted necesita preguntarse:

Son sus cosas exteriores o externas que me están incomodando que hace duro que tenga sexo agradable?

Soy preocupante demasiado sobre el dinero? Estoy preocupación sobre los cabritos demasiado? Es mi salud hasta ésta? Qué si yo no puede satisficieron mismo? Qué si yo no puede satisficieron a mi socio?

Primero - usted necesita aprender relajarse! Hay varios métodos; las docenas de libros en técnicas de la meditación y de la relajación pero la cosa más fácil a hacer son ésta:

Encontrar un cuarto reservado, se acuestan o se sientan reservado y hacen una lista de las cosas que le están incomodando y las salen de su cabeza! Al lado de la lista, anotar realista si es algo que usted puede tratar de ahora, a corto plazo o de largo plazo.

Si hay cualquier cosa ocuparse del funcionamiento sexual que es realmente físico, hacer una nota y ver a doctor. Si es cualquier cosa hacer con ansiedades, usted puede necesitar hablar con un profesional pero las ansiedades del funcionamiento son comunes y si usted se relaja, muchas cosas de las épocas se elaboran.

Una vez que usted ha despejado las cubiertas, así que hablar, usted sentirá mejor y podrá explorar su cuerpo mejor. Tardar cinco minutos apenas para respirar y para intentar reservado parar el pensar! Si usted nota que su cuerpo es comienzo tenso que relaja a las partes del cuerpo que son tensas.

Autorización - si usted se cae dormido, ésa está muy bien. Usted conseguirá eventual al punto donde usted puede apenas todavía sentarse y aprender relajar su cuerpo.

Ahora, en su cama o ducha, comienzo que explora su cuerpo. Ver cómo su tacto siente en usted el cuerpo. Mucho nos crían con tabúes que su cuerpo es algo sucio o sucio. Bien, si no se lava es sucio pero su cuerpo es algo maravilloso que debe ser disfrutado.

Si usted es un hombre, comenzar a ser enterado que hay todas las clases de partes de su cuerpo que apenas sientan grandes cuando se frotan ligeramente o se tocan. Si usted ha crecido como muchos hombres apenas masturbating como su pene es una escopeta apenas que recargaba constantemente -- y haciéndola dificilmente --usted puede necesitar re-sensibilizarse. Intentar usar un tacto apacible y trabajar la extremidad y el eje suavemente hasta que usted eyacula. No será fácil al principio y cuando usted hace esto, usted debe planear en la exploración de esto cuando no hay nadie alrededor en un cuarto reservado - con la puerta trabada.

Si usted es una mujer, hay mucho ediciones sobre el cuerpo que usted trata de ya y es importante relajarse y descubrir que su cuerpo es un gran lugar a ser. No siente que esa manera si usted está teniendo un período incómodo o duele su cuerpo en general o su es cabritos que se arrastran all over usted. Ése es porqué es importante hacer este ejercicio si nada tan usted puede tener alguì n punto privado a caer dormido adentro!!!

Ahora, está usted en una relación con cualquiera? Puede haber grandes razones por las que usted es o no es pero si usted y su socio no están teniendo sexo y usted es incómodo sobre él, usted si encuentra algunos medios de comunicar sobre él.

Tener su socio pasar tiempo reservado con usted y comenzar a explorar cuerpos de cada uno. Si uno o el otro de usted está neccsitando lanzamiento sexual, intentar ayudar al otro hacia fuera si usted puede. Entonces si se da el caso, relajarse, caer dormido en brazos de cada uno y entonces despertar y comenzar a explorar sus cuerpos.

Problema grande que necesita ser resuelto: Socio verbal y socio no verbal. Usted ambos necesidad de resolver una cierta clase de sistema de compromiso donde una persona cualquiera comienza a utilizar a las palabras más cortas, más pequeñas (y a los comandos no abusivos a menos que usted sea ambos en esa cosa) y al otro socio necesita comenzar a indicar o a conseguir sus señales de mano correctas.

La gente necesita confiar en uno otro y hablar de qué cosas trabajan para ella sexual. Las razones de esto son que diversa gente tiene diversas expectativas y la creencia sobre sexo y ella es importante que usted y su socio estén en la misma página.

Un cierto sexo del uso de la gente como arma para conseguir a una persona comprarlas cosas - no una cosa fresca a hacer y ésa está abajo y hacia fuera prostitución. Si eso es qué trabaja para los ambos usted, grande, sino ése no trabaja para todos. Alguna gente utiliza el sexo apenas para la idea de la procreación. Si ése es los socios del caso mejores estar listo para tener un bebé y la mujer no debe decir al hombre que ella está utilizando control de la natalidad cuando ella no es. No es justo a tampoco de ellos. Los hombres necesitan ser honestos y tomar cuidado de su salud también. Ambas partes, si han acordado no considerar a cualquiera, deben permanecer fieles. Si se pierde una persona, ser honesto con se por la razón antes de que usted haga algo más para arruinar la relación.

Cerciorarse de que usted y su socio resuelvan la frecuencia de la actividad sexual también!!! Aunque la gente cambia en un cierto plazo con su relación, debe haber comunicación en cuanto a cuando y cuantas veces ella se reunirá. También, si una persona requiere más atención que la otra, resolver algo equitativo. Por ejemplo, si una persona necesita orgasmos múltiples sentir completos, la otra persona debe también resolver algo donde o serán llevados a cabo luego o consiguen a una cierta clase de convite equitativo otra hora o después de que usted ha encendido el fusible de la otra persona varias veces...

También satisfacer esté seguro que usted consigue chequeoes de salud! Usted no quiere transmitir el VIH, el herpes, o enfermedades venéreas a su socio! Determinar cuando es seguro y contracepción del uso y lo que usted necesita así que usted puede ser seguro!

Cerciorarse de que usted ambos esté absolutamente claro sobre lo que espera cada uno de usted fuera de uno a en términos de fidelidad. Es fácil permanecer verdad a una persona y a una monogamia de la práctica durante la etapa de la luna de miel de una relación. Toma la atención para guardarla el ir y el excitar así que los socios no están inclinados para perderse.

Por qué la mayoría de los hombres y de las mujeres se pierden después de años en una relación o una unión? No es la gente que la cambia es la carencia de la comunicación o de la consideración para la gente! El sexo es apenas el resultado final. Mucha gente que la reunión no debe permanecer junta porque ella tiene diversos niveles de deseo sexual pero hace tan de otra manera por razones, amor, el etc. financieros. Especialmente si usted ama a alguien si lo engañan en usted siente terrible y toma un rato para construir detrás confía en (si usted puede construirlo detrás en absoluto).

Si usted ambos está abierto a las relaciones "abiertas" se cerciora de que usted es honesto que si algo sale de límites que usted ambos lo discute y si se da el caso, moverse encendido si se han violado los límites que usted ha fijado.

Cualquier persona que intente chantajearle, abusa de usted (fisicamente, verbalmente o mentalmente), insiste en ningul n control de la natalidad o la protección sexual o en hacer algo que usted no quiere hacer debe ser descargada.

Usted quiere estar con una persona que sea amante caring y le haga la sensación relajada, caja fuerte, blissed hacia fuera, enamorada, destruyó totalmente sus pies o cualquier combinación de esas sensaciones después de sexo.

Usted no quiere sentir como un washcloth o un émbolo....

TAMBIÉN - qué puede haber cambiado o está cambiando con usted y su socio?

Cansan cualquiera de usted también para tener sexo?

De usted se agujerean de la misma rutina o uno o el otro la vuelta de una diversa forma de vida y la conexión más?

Cualquiera de usted está queriendo más variedad y el otro socio no está ayudando?

Una vez que usted ha identificado las ediciones, hacer una lista - incluso si usted no va a compartirla con cualquiera apenas así que usted puede ver cuáles son las ediciones.

Si su socio está hasta ella, ver si usted puede conseguir sus pensamientos en lo que piensan que son las ediciones.

Usted puede ser sorprendido que las ediciones pueden no ser iguales. Están quizá, ellas no están quizá.

El paso siguiente es intento a trabajar con el problema. Si usted y su socio pueden comunicar - intentar hacer que sucede. Sentarse en alguna parte reservado sin distracciones - tener quizá una buenos comida e intento para establecer lo que tomará para hacer trabajo de las cosas.

CAPÍTULO 4

VUELTA DE TORNEADO OFFS EN LA VUELTA ONS!

Los siguientes son las cosas que dan vuelta a hombres y las mujeres de ese pueden ser superadas si ambos socios trabajan en él:

Apagar: Soy demasiado cansado para el sexo.

Girarlo: Planear tener el sexo en cierto día y palillo con él. Cerciorarse de el día o la noche antes de que ambas partes consigan mucho resto y coman bien. Hacer el ambiente cómodo (o si usted es el tipo travieso, cerciorarse de que nadie esté mirando si usted decide hacer el amor en el aire libre en el parque).

Apagar: Mi (uno mismo/amante) es (también grasa/demasiado melenudo/hediondo/el agujerear/demasiado de un cerdo egoísta/demasiado de una puerca egoísta).

Girarla:

Intentar usar la ropa que le adula y consigue a su socio vestirse para arriba en algo que apela. No tiene que costar mucho dinero!

Si usted o su socio siente que hay un problema del peso - comenzar a resolverse y a adietar. El órgano de sexo más de gran alcance que usted tiene es su cerebro! Usted puede utilizarlo si usted quiere realmente a!

Si usted es demasiado melenudo, pensar de afeitar ocasionalmente. Demasiado hediondo? Baños y duchas de la toma antesANDdespués del sexo. Pensar de hacerlo JUNTO para construir intimidad y para conducirse al entusiasmo.

Su socio demasiado egoísta? Usted termina para arriba la ejecución de blowjobs o la consumición de la persona hacia fuera y no consigue siempre reciprocidad? A menos que haya una razón médica no debe haber un sentido de la equidad en una relación.

Si no hay pesar todo y ver si es algo usted puede vivir con o resolver el algo más que trabajaría como convite sexual.

Offs de la vuelta: El agujerear.

Ons de la vuelta: Comenzar a buscar maneras de condimentarla para arriba y de forzarse a ser inventivo. Uno del tramposo de la gente de las razones en uno a es aburrimiento. Hacer algo que sorprenderá a su amante y lo mantendrá interesada en usted. Intentar hacer que algunos de sus fantasías vienen verdad. Lo tiene quiso siempre vestirse para arriba como Darth Vader durante sexo? Cómo sobre ella? La tiene quiso vestirse para arriba como Darth Vader? Hey, si flota su barco, ir para él. Intentar encontrarse media manera y ver cómo el calor comienza a construir.

Si usted es la persona que inicia siempre el sexo, conseguir a su socio ser el que está para comenzar el balanceo de la bola (o Balling). Si no hay razones médicas, intentar diversas posiciones también.

Offs de la vuelta: Celos.

Ons de la vuelta: Trabajo sobre la comunicación de porqué la persona siente celos. Si usted está siendo un bolso de ducha y un ligón constante y lo tiene en la mente a engañar en el peson de todos modos, justifican a esa persona en sus celos.

Si los pocos celos le giran o usted consigue realmente de tener el alguien diferente el girar de su socio se cerciora de que esto está comunicada y usted ambos resuelve los principios de base. Nadie tiene gusto de sensaciones lastimadas.

Resolverse entre los dos de usted qué trabaja y si usted encuentra que usted está comprometiendo a demasiado de su uno mismo y no está consiguiendo lo que usted quiere - es hora para una nueva persona.

Ons de la vuelta: Conversación romántica y íntima.

Offs de la vuelta: Hablar de los cabritos y de esa perra en el trabajo que le consiguió a promoción debe haber conseguido. Si usted necesita hablar del trabajo, las cosas etc, lo hacen como parte del modo de abrazo y de reunión. No traerlo para arriba durante sexo porque usted está degradando el acto de la intimidad y ésa puede arruinar el humor para un o ambo socios - especialmente si lleva a las discusiones!

CAPÍTULO 5

COLOCACIÓN DE AHANDEN LA SITUACIÓN

El Masturbating es natural. Si usted lo llama que juega con se, alzando con el gato apagado, whacking apagado, moviendo de un tirón apagado, cosquilleando los ivories (para las señoras), la digitación, el deseo al placer se ata con alambre en nuestra fisiología.

A pesar de qué gente y algunas organizaciones puede decirle, el masturbating no le lastimará a menos que usted lo esté haciendo demasiado difícilmente y lastimando sus órganos genitales ni whacking apagado de modo que usted no tenga ningul n deseo de hacer todo lo demás en vida. También, si usted está en una relación recordar que sus necesidades sexuales pueden ser diferentes que su socio así que ella es aceptable masturbate. Para el motivo de la calidad usted no está engañando en ellas!!!

Técnicas probadas y verdaderas para Masturbating a un varón

Cuando en duda, preguntar a hombre a que usted puede masturbating (o preguntarse si usted quiere cambiarla para arriba para se) cuál es que la persona tiene gusto. Aquí están algunas sugerencias a ayudar dependiendo de la sensibilidad del martillo de la persona.

El ir que frota ligeramente directo arriba y abajo del eje. Algunos individuos sienten más sensibilidad en la base del pene, algo en el eje y algo en la extremidad muy sensible.

Usar dos manos - una en la extremidad o el eje y suavemente ir arriba y abajo y con de la otra mano por debajo sus testículos o escroto o dondequiera otro que él quiere estimuló.

Algunos individuos quieren su pene puesto y lo pusieron difícilmente! Algunos individuos quisieran que tratara con suavidad. La palabra al sabio, el comienzo apacible y fácil y dejan a individuo le dicen cuánto más presión para aplicarse hasta que usted dos consiga en un buen ritmo.

Moverse ligeramente la mano arriba y abajo de sus muslos. Cerciorarse de que su camisa esté desabrochada y comenzar ligeramente a mover sus yemas del dedo en su pecho que se mueve abajo de lentamente y alrededor el suyo detrás.

Comenzar a hablar suavemente y si es aceptable con ambos usted-empezarlo a decir lo que usted hará a él. Eso debe comenzar a hacerlo insano.

Utilizar cualquier clase de lubricación incluyendo la saliva para mantener su martillo lubricado. Si él es el tipo sin embargo quién tiene gusto de él "caliente y seco" ir para él.

Cerciorarse de que usted no tenga síndrome de túnel de carpal de modo que usted pueda hacer una serie de movimientos repetidores como el desplazamiento arriba y abajo de sus dedos y mano en su pene. Si es demasiado para él o lo incomoda, ajustar por consiguiente.

Usted puede ser que considere consigue ligeramente una carta blanca debajo de su escroto y comienza a frotarlo y después continúa mimándolo a medida que usted continúa rítmicamente masturbating su martillo.

Otra alternativa es frotar su parte posterior o nalgas como usted lo está trayendo a un crescendo.

Es autorización y animado para conseguir emocionado pues usted estimula a su socio. Será su vuelta pronto bastante!!

Técnicas probadas y verdaderas para Masturbating a una hembra

Para los hombres o las mujeres que quieren saber masturbate a una hembra - la primera cosa a saber está: CERCIORARSE DE A SEÑORA IS LUBRICATED!

Si significa paciente conseguirle los jugos vaginales que pasan con besarse, acariciando, el hablar sucio, sea paciente - usted quisiera el mismo tratamiento también, a la derecha?

Un viejo truco del tiempo largo es tratar la vagina como pozo pasado de moda de la tinta. Como usted comienza a estimular el clit, sumergir sus dedos en su vagina y lubricarlos y rodar los jugos sobre su clítoris.

El clítoris, a propósito, retrocede así que no tiene a veces miedo de separar suavemente los dobleces de la piel para conseguir al punto. Una vez más cerciorarse de que le lubriquen bien.

Si significa usar algunos lubricantes evitar cualquier cosa que es perfumado o que puede irritar el área vaginal o causar una reacción alérgica. No demasiado atractivo... Comprobar con sus droguerías para saber si hay artículos apropiados (KY, Astroglide, etc).

Uno puede ir derecho para el clítoris y frotar lo, la frotación alrededor de él con sus dedos y si hay bastante lubricación y stretchability, la mano entera.

Se ha indicado en otros libros sin embargo que el viaje es mucho más diversión que la destinación. Comenzar a acariciar sus piernas, cerciorándose de ella se asienta (o colocándose) comfortablemente, y trabajan su manera arriba y abajo de sus muslos.

Si ella está usando la ropa que usted puede querer para desnudar su caricia ella, después tirar de la ropa sobre sus piernas para conducir sus tuercas.

Intentar conseguir un washcloth caliente y frotar ligeramente dentro y fuera de sus labias (los labios vaginales) y entonces a lo largo de sus nalgas y piernas.

Si usted está en los juguetes (enchufes, vibradores del extremo) comenzar a usarlos suavemente como usted trabaja su manera alrededor de su vagina, de su clítoris y de g-punto.

Si usted es como mí, usted conseguirá bastante caliente e incomodado el girar de ella y estar listo para el lanzamiento usted mismo!!!

CAPÍTULO 6

BESARANDOTRO FORMSORALSEXO

El besarse es muy importante. Es dos personas que intercambian su respiración, sus labios, la saliva, y el principio del foreplay. Si hay algunas ediciones en besarse, es importante elaborarlos.

Cerciorarse de le para haber cepillado sus dientes, para gargled o para haber utilizadolos una cierta clase de mentas de la respiración y si usted tiene piel seca o labios que se han hidratado. Suena como mucho trabajo, huh? Vale el tardar del tiempo antes de smooching aquél se ha conformado con la petición anterior.

La mayoría de la gente no tiene gusto de smooch los labios secos de mirada hediondos, sucios...

No comenzar el oso que abraza y que sofoca a su socio a menos que ella esté en él o usted lo ha discutido antes de mano! No lastima para tomarla lentamente y suavemente. No preocuparse las cosas construirá a un crescendo si va todo bien pronto bastante.

Para comenzar, intentar nuzzling hasta el cuello de la otra persona y besarse con suave, secar los besos, levantándose lentamente hasta que usted consiga a los labios.

Cerciorarse de que si usted comienza a mordiscar que ambas partes establecen los límites en de lo que un poco quieren los "hickies" usted salir. Algunos socios no tienen gusto de ir a trabajar con sus cuellos que todos masticaron para arriba o mirada roja como lucharon apagado a vampiros durante toda la noche...

El besarse del francés si hecho suavemente al principio y no con un socio la conducción de su lengüeta en la parte posterior de la epiglotis de la otra persona! Todo se debe hacer fácilmente y naturalmente. Usted no debe también trabarse los labios demasiado firmemente desde entonces que le ayudarán a respirar.

Si usted está comunicando usted sabrá que qué más usted debe comenzar a smooching... cuellos de cada uno, los brazos, las piernas, los dedos del pie, los tobillos, los muslos, parte posterior, panza y ésa llevará eventual a los órganos genitales.

SEXO ORAL PARA UNA MUJER

Tener la mujer conseguir en una posición relaxed. Ella podría mentir en ella detrás, sentándose o ella podría sentarse sobre su cara si usted está en su parte posterior. Cerciorarse de que su boca y dedos sean mojados. Comenzar a trabajar encima de los muslos de la mujer con sus dedos y labios. Trabajar suavemente su manera a través de sus labios vaginales,

comenzar suavemente a lamer el clítoris y su vagina.
Comenzar a lamerse. Preguntarle qué movimientos ella tiene gusto. El uso lujoso se lame de largo y la bala corta se lame. Ver cómo es sensible ella la quiere o cómo difícilmente. Una vez que usted encuentra el comienzo del clítoris apenas que se lame alrededor de él y mantiene el lamerse el mismo ritmo e indica hasta ella culmina o le dice que ella quiere algo diferente.

Ella puede quisiera que un dedo adentro también estimulara su vagina.

Después de que el orgasmo, si es demasiado estímulo, la mujer pueda pedir que usted pare.

SEXO ORAL PARA UN HOMBRE

Antes de tener sexo oral usted y su socio deben discutir sobre tragar o escupir hacia fuera el semen. Hay una ocasión que usted puede ser que consiga el VIH o los STDS a través de sexo oral - cerciorarse de que ambos usted hayan tenido un análisis de sangre antes de tener sexo si usted decide tener tragar. Si usted necesita utilizar un condón para el sexo oral recordar no utilizarlo más de una vez. También fijar los principios de base para cuánto empujando usted quiere hecho a su cabeza mientras que él está consiguiendo excitado. Si consigue ser demasiado o está comenzando a causar trallazo, tenerlo parar.

Tener el hombre conseguir cómodo. Él puede colocarse, mintiendo en el suyo parte posterior o el sentarse.
Sostenerse sobre su pene y testículos y comenzar ligeramente a frotarlos ligeramente. Proceder a lamer la longitud entera de su pene de la base hasta el final hasta la cabeza. Usted puede entonces comenzar a lamerse alrededor de la extremidad y del frenulum suavemente - no utilizar sus dientes a menos que él pida él y si tener tan cuidado!

Como la mujer, guardar el ímpetu y ritmo iguales para el hombre hasta él culmina.

Para los hombres y las mujeres, ambos mayo o mayo no querer ser abrazado inmediatamente después de orgasmo. Algunos pueden necesitar su espacio. Una vez más hablarlo hacia fuera y resolver algo que trabaja para usted!

Debe ser diversión para ambos usted!

CAPÍTULO 7

CÓPULA SEXUAL

La cópula sexual está por supuesto para la procreación pero también un en dirección normal para la gente que ha estado aumentando el entusiasmo con acariciar pesado, sexo oral, el etc.

No hay posiciones correctas o incorrectas para tener sexo. La única posición incorrecta es tener sexo contra la voluntad de otra persona.

Lo que trabaja y es cómodo para ambos socios debe ser explorado y ser animado.

Ambos socios deben estar en buena salud y respectivo de uno a si tienen cualesquiera ediciones o idiosincrasias médicas.

Un ejemplo de una idiosincrasia sería durante cópula que su socio quisiera que usted hablara sucio con él. La llamada de su socio "mamá" o "papá" sin embargo aventura en la arena de espeluznante y quizás un cierto asesoramiento psicologico está en orden - a menos que no hay otras ediciones en la vida de esa persona o la relación con usted y usted no importa el ser llamado "mamá" o "papa"....

Otros libros han hablado con la muerte sobre las posiciones sexuales, los puntos de G, los orgasmos múltiples etc. La verdad es - lo que trabaja para usted y su socio es qué trabaja. Hay mucho absurdo escrito en los compartimientos de las mujeres y no tienen cualesquiera concerniente realidad. Los artículos se escriben para excitarle y para venderle una nueva edición cada mes. La mayor parte de ellos cubierta la misma tierra - después de que todos los órganos genitales no han cambiado en millares de años...

Los seres humanos no trabajan la manera que mucha demanda de los artículos ellos debe trabajar. En el mundo real, una más vieja gente puede tener mucho más sexo que una gente más joven. En el mundo real es hombres más jovenes y las mujeres que pueden no poder conseguir despertados.

Cada persona es diferente, cada relación es diferente y si usted está trabajando un día entero y agotado le no puede tener la energía para hacer todo que la demanda de los artículos que usted debe hacer para tener el sexo caliente todo el dia y noche!

Me preguntaba siempre si la gente tenía día y noche calientes del sexo todo el tiempo, que está pagando su alquiler o hipoteca y qué ellos hace para el dinero del alimento...

Es una inhabilidad un problema? Algo ha cambiado en la relación donde físicamente hay una cierta vergulenza o algo no trabaja quizá absolutamente iguales? Hablarlo hacia fuera e intentar a doctor para ver si algo puede ser resuelto.

Las posiciones sexuales se pueden cambiar para acomodar cualquier cosa mientras ambas partes estén cómodas y dispuestas.

Cómo sobre el sueño de las buenas noches? Intentar y sexo del horario después del sueño de las buenas noches o por lo menos después de un catnap. Hacer la hora durante el día de cerrar la puerta a su sitio y de cerciorarse de que los cabritos no están alrededor y de pasar una cierta hora junta. Tomará un cierto trabajo para conseguir ir del horario.

Cambiar encima de la duración de la cópula sexual. Si usted ambos tiene solamente cantidad de tiempo limitada, ver lo que usted puede hacer para uno otro para traerse al orgasmo. Los quickies son a veces más diversión que de largo, hacia fuera dibujados los festivales del sexo.

Amba gente debe ser cómoda durante sexo y usted debe intentar algunas diversas posiciones con excepción del misionario (hombre encima de la mujer). La mezcla hasta agrega variedad en su vida.

El sexo del estilo del perrito (el hombre que entra en la vagina de la mujer de detrás ella) lleva a una penetración más profunda para una mujer y es a menudo excesivamente agradable para un hombre también. Cerciorarse de que lubriquen ambos usted bien sin embargo para disfrutar de cosas mejor.

Razones médicas que le guardan de tener sexo? Usted y su socio puede ser que intenten posiciones donde están cómodos ambos usted, no serán disturbados por un periodo de tiempo y pueden tardar su tiempo. Darse un cierto sitio del meneo también - si las cosas no resultan grande la primera vez, no intentan otra vez y no se perdonan! Usted es humano y si su socio tiene cualquier amor o la consideración para usted le ayudará. Estar seguro que usted es la misma manera con él también!

Estar por favor seguro de darse una oportunidad - usted puede ser que ambos esté satisfecho con los resultados!

CAPÍTULO 8

CONCLUSIÓN

Acabamos de tocar en la superficie para algunas de las cosas para conseguirle que piensa de sus relaciones y sexualidad.

Si usted ha tardado la época de pasar a través del libro, usted habrá visto que le han expuesto a muchas ideas - algunos usted puede tenerle conocido y olvidado ya, esperanzadamente algunas nuevas ideas.

El resto incumbe a usted y a su socio!

Todo el mejor y puede usted tener todo el gran sexo que usted puede manejar!

CAPÍTULO 9

INFORMACIÓN SOBRE SALUD DE S DE LAS MUJERES'

La información siguiente es de www.womenshealth.gov y se puede utilizar para que una pauta ayude a contestar a algunas preguntas de salud si usted es una mujer.

Protección de su sistema reproductivo

Usted sabía que su sistema reproductivo es uno de los sistemas más frágiles de su cuerpo? Puede conseguir fácilmente infectado o dañado. Si hace, usted puede ser que tenga problemas de salud de largo plazo. Tomando medidas simples para evitar el conseguir o extensión de HIV/AIDS y de otro sexual - las enfermedades transmitidas (STDs) ayudarán a proteger a le y a sus amados. STDEs una infección o una enfermedad que usted consigue cerca que tiene sexo vaginal, anal, u oral con alguien que tiene yaSTD.

Algunos STDs pueden ser "silenciosos," que los medios usted no demuestran a ninguna muestras de la infección, de la enfermedad, o de la enfermedad. Otros pueden tener suave a los síntomas severos. Conseguir los chequeoes regulares para los STDs, incluso si usted no tiene ninguna síntomas.

Protegiendo sus medios del sistema reproductivo también que tienen control encima si y cuando usted se queda embarazado. Pero eligiendo que el tipo de control de la natalidad a utilizar no es fácil. Aprender qué tipos de control de la natalidad están disponibles. Hablar con su doctor o enfermera para ayudarle a elegir entre las opciones.

Aprender más sobre control de la natalidad

Solamente un método de control de la natalidad previene embarazo todo el tiempo. Abstinencia. Medios de la abstinencia que no tienen sexo vaginal
, anal, u oral en cualquier momento. NINGUÌ N otro método

de control de la natalidad previene embarazo todo el tiempo. Pero otros métodos son muy eficaces en la prevención de embarazo.

Al elegir su método del control de la natalidad, considerar

Su salud total

Cuantas veces usted tiene sexo

El número de socios sexuales que usted tiene

Si usted quiere tener niños

Como de bien previene embarazo

Efectos secundarios potenciales

Su nivel de la comodidad con usar el método

El aprendizaje de cómo utilizar algunas formas de control de la natalidad puede tomar tiempo y práctica.

Saber que muchas formas de control de la natalidad no le protegen contra conseguir infectadas con el VIH u otros STDS, tales como
 gonorrea, el papillomavirus humano, herpes, y chlamydia. La mejor manera de protegerse es ser
 total abstinente, el 100 por ciento del tiempo. Pero con un condón masculino del látex o un condón femenino cada vez que usted
 tiene ayudas del sexo bajar correctamente sus ocasiones de conseguir el VIH u otros STDs. No eliminanALLriesgo, sin embargo.

Tipos de control de la natalidad

No hay método de control de la natalidad "mejor" el. Cada uno tiene sus propias ventajas y desventajas.

Llamada para la información libre TDD 1-800-994-9662 salud: 1-888-220-5446

Métodos de la barrera (actúa como comprobación la vagina para cubrir el bloque entre usted y su socio sexual)

Condón masculino. Usado por el hombre, un condón masculino guarda la esperma de conseguir en el cuerpo de una mujer.

Los condones del látex ayudan a prevenir embarazo y VIH y otros STDs.Los condones naturales" o de la "corderina" "también ayudan a prevenir embarazo, pero no protegen contra los STDs, incluyendo el VIH. Los condones masculinos son el 85 a 98 por ciento
 de eficaz en la prevención de embarazo. Los condones se pueden utilizar solamente una vez. Usted puede comprar condones, KY convierten en gelatina, o los lubricantes
 a base de agua en un almacén de droga. No utilizar los lubricantes a base de aceite tales como aceites del masaje, aceite de bebé, lociones, o jalea
 de petróleo. Debilitarán el condón, haciéndolo rasgar o romperse.

Condón femenino. Usado por la mujer, este método guarda la esperma de conseguir en su cuerpo. Se empaqueta con
 un lubricante y está disponible en los almacenes de droga. Ayuda a reducir sus ocasiones de conseguir el VIH y otros STDs. Puede ser insertado hasta ocho horas antes de la cópula sexual. Los condones femeninos son el 79 a 95 por ciento de eficaz en la prevención de embarazo. Solamente una clase de condón femenino está disponible en este país, y su marca es realidad.

Diafragma o casquillo cervical. Cada uno de estos métodos de la barrera se pone dentro de la vagina para cubrir la cerviz para bloquear la esperma. El diafragma es shaped como una taza baja. El casquillo cervical es una taza dedal-shaped. Antes de cópula sexual, usted los inserta con spermicide para bloquear o para matar la esperma. El diafragma es el 84 a 94 por ciento de eficaz en la prevención de embarazo. Visitar a su doctor para una guarnición apropiada porque los diafragmas y los casquillos cervicales vienen en diversos tamaños. Usar diafragma o los casquillos cervicales no le protege contra los STDs.

Dispositivos intrauterinos (IUDs). T de cobre IUD. Un IUD es un pequeño dispositivo que es shaped bajo la forma de "T." que su doctor lo pone dentro del útero para prevenir embarazo. Puede permanecer en su útero por hasta 10 años.

No le protege contra el VIH u otros STDs. Este IUD es el 99 por ciento de eficaz en la prevención de embarazo.

Sistema intrauterino de Mirena. El IUS es un pequeño dispositivo T-shaped como el IUD. Es colocado dentro del útero por un doctor. Lanza una pequeña cantidad de una hormona cada día para guardarle de conseguir embarazado. El IUS permanece en su útero por hasta cinco años. No le protege contra el VIH u otros STDs. El IUS es el 99 por ciento de eficaz en la prevención de embarazo.

Contraceptivos orales. También llamado "la píldora", contiene las hormonas estrógeno y progestina. Es prescrito por un doctor. Una píldora se tarda al mismo tiempo cada día. No protege contra el VIH u otros STDs. Si usted es más viejo de 35 y fuma, o tiene una historia de los coágulos de sangre, del cáncer de pecho, o del cáncer endometrial, su doctor puede aconsejarle no tomar la píldora. La píldora es el 92 a 99 por ciento de eficaz en la prevención de embarazo.

Mini-píldora. Desemejante de la píldora, la mini-píldora tiene solamente una hormona, en vez del estrógeno y de la progestina. Es prescrita por un doctor. Se tarda al mismo tiempo cada día. Las madres que amamantan pueden utilizar la mini-píldora porque no su fuente de leche. Es una buena opción para las mujeres que no pueden tomar el estrógeno o para las mujeres que tienen un riesgo de coágulos de sangre. La mini-píldora no protege contra el VIH u otros STDs. Son el 92 a 99.9 por ciento de eficaz en la prevención de embarazo.

Remiendo (Evra orto). Este remiendo de la piel se usa solamente en el abdomen más bajo, las nalgas, o el cuerpo superior. Este método prescrito por un doctor. Lanza las hormonas favorable-progestina y estrógeno en la circulación sanguínea. Usted puso un nuevo remiendo una vez por semana por tres semanas. Durante la cuarta semana, usted no usa un remiendo, así que usted puede tener un período menstrual. El remiendo es el 92 a 99 por ciento de eficaz en la prevención de embarazo. Pero aparece ser menos eficaz en las mujeres que pesan más de 198 libras. No protege contra el VIH u otros STDs.

Anillo anticonceptivo vaginal hormonal (NuvaRing). El NuvaRing lanza las hormonas progestina y estrógeno. Su doctor pone el anillo dentro de su vagina para circundar su cerviz (la abertura a su matriz). Usted usa el anillo por tres semanas, lo saca para la semana que usted tiene su período, y después pone en un nuevo anillo. Es el 92 a 99 por ciento de eficaz en la prevención de embarazo. Este método no le protege contra el VIH u otros STDs.

Depo-Provera. Las mujeres consiguen los tiros de la progestina de la hormona en las nalgas o arman cada tres meses de su doctor. No le protege contra el VIH u otros STDs. Es el 97 a 99 por ciento de eficaz en la prevención de embarazo.

Contracepción Emergency. La contracepción Emergency no es un método regular de control de la natalidad. Debe nunca ser utilizada como uno. La contracepción Emergency debe ser utilizada después de que no se utilizara ninguĭn control de la natalidad durante sexo, o si el método del control de la natalidad falló, por ejemplo si un condón se rompió. Ni unos ni otros de los dos métodos descritos aquí le protegen contra el VIH u otros STDs.

Un tipo de contracepción emergency le requiere tardar a dos dosis de píldoras hormonales 12 horas de separado. Usted tiene que tomar las píldoras que comienzan en el plazo de tres días (72 horas) después que tienen sexo desprotegido. Se refieren a veces como "mañana después" de píldoras, aunque pueden ser utilizadas encima tres días de más adelante. Las píldoras son el 75 a 89 por ciento de eficaz en la ovulación, la fertilización, o la implantación de inhibición de un huevo fertilizado en la pared uterina, o los tres. El plan B está disponible sobre el contador para la edad 18 de las mujeres y más viejo. El plan B está disponible por la prescripción para la edad 17 de las mujeres y debajo. (El plan B es la marca de un producto aprobado por el foruse de la Agencia de Medicamentos y Alimentos como contracepción emergency.)

Otro tipo de contracepción emergency está teniendo su parte movible del doctor el cobre T IUD en su útero en el plazo de siete días de sexo desprotegido. Este método es el 99.9 por ciento de eficaz en la ovulación, la fertilización, o la implantación de inhibición de un huevo fertilizado en la pared uterina, o los tres.

Opciones quirúrgicas
Esterilización quirúrgica. Estos métodos quirúrgicos se significan para la gente que quiere un método permanente de control de la natalidad. Es decir nunca quieren tener un niño, o no quieren a más niños. Ambos métodos enumerados aquí son el 99 a 99.5 por ciento de eficaz en la prevención de embarazo. Estas opciones quirúrgicas no le protegen contra el VIH u otros STDs.

Tubos de la ligadura tubárica o "el atar."

Una mujer puede hacer sus tubos de falopio atar (o ser cerrado) para parar los huevos de ir abajo a su útero donde pueden ser fertilizados.

El procedimiento se puede hacer en un hospital o en un centro quirúrgico del paciente no internado. Usted puede ir a casa el mismo día de la cirugía y reasumir sus actividades normales dentro de a a pocos días. Este método es eficaz inmediatamente. En el primer año después de la cirugía, su ocasión de conseguir embarazada es menos de el 1 por ciento. En un cierto plazo, los extremos de sus tubos de falopio podrían fundirse detrás juntos, y puede ser posible conseguir embarazado. Los índices de fracaso se han divulgado en las mujeres que hicieron sus tubos atar anterior en sus vidas. Pero estos índices de fracaso son más bajos en las mujeres que son más viejas cuando tienen ligadura tubárica.

Vasectomía [va-sec-dedo del pie-yo]. Esta operación se hace para guardar la esperma de un hombre de ir a su pene, así que su ejaculate nunca tiene cualquier esperma en él que pueda fertilizar un huevo. Esta operación es más simple que atando los tubos de una mujer. El procedimiento se hace en un centro quirúrgico del paciente no internado. El hombre puede las opciones quirúrgicas ir a casa el mismo día. El tiempo de recuperación es menos de una semana. Después de la operación, un hombre visita a su doctor para que las pruebas cuenten su esperma y cerciorarse de la cuenta de esperma ha caído a cero. Puede tardar algunas semanas para que eso suceda. Otra forma de control de la natalidad debe ser utilizada hasta que la cuenta de esperma del hombre haya caído a cero.

Abstinencia continua. Este método significa no tener sexo vaginal, anal, u oral en cualquier momento. Es el único modo eficaz del 100 por ciento prevenir embarazo, el VIH, y otros STDs.

Esterilización Non-surgical (sistema permanente del control de la natalidad de Essure). Es el primer método non-surgical de esterilizar a mujeres. Un tubo fino se utiliza para roscar un dispositivo minúsculo en cada tubo de falopio. Irrita los tubos de falopio y las causas marcan con una cicatriz el tejido para crecer y para tapar permanentemente los tubos. Puede tardar cerca de tres meses para que el tejido de la cicatriz crezca, así que utilizar otra forma de control de la natalidad durante este tiempo. Volver a su doctor para una prueba para ver si el tejido de la cicatriz ha bloqueado completamente sus tubos de falopio. Con los tubos bloqueados, usted no puede conseguir embarazado. Los estudios de la investigación siguieron a más de 600 mujeres por un año. Ningunos tenían cualquier embarazo cuando los dispositivos fueron implantados correctamente. No le protege contra el VIH u otros STDs.

Planificación familiar o conocimiento natural de la fertilidad. La comprensión de su patrón mensual de la fertilidad puede ayudarle a planear conseguir embarazada o evitar conseguir embarazada. Su patrón de la fertilidad es el número de días en el mes cuando usted es fértil (capaz de conseguir embarazado), de días cuando usted es estéril, y de días cuando la fertilidad es inverosímil, solamente de posible. Si usted tiene un ciclo menstrual regular, usted tiene días cerca de nueve o más fértiles cada mes. Si usted no quiere conseguir embarazado, usted no tiene sexo en los días que usted es fértil, o usted utiliza una forma de control de la natalidad en esos días. Para aprender más sobre su patrón mensual de la fertilidad, ir a www.womenshealth.gov que estos métodos son el 75 a 99 por ciento de eficaz en la prevención de embarazo. Él no le protege contra el VIH u otros STDs.

Spermicides. Estos productos trabajan matando la esperma y vienen en varias formas hacen espuma, se gelifican, baten, .lm, suppository, o tableta. Se colocan en la vagina no más de una hora antes de la cópula. Usted les deja por lo menos scis a ocho horas in place después de la cópula. Usted puede utilizar un spermicide además de un condón masculino, de un diafragma, o de un casquillo cervical. Los Spermicides solamente son el cerca de 71 a 82 por ciento E. de ective en la prevención de embarazo. Pueden ser comprados en almacenes de droga. El spermicide vaginal con Nonoxynol-9 no le protegerá contra el VIH u otros STDs, tales como gonorrea o chlamydia.

Aprender más sobre los STDs
Los STDs pueden ser una amenaza verdadera a su salud, especialmente si no se tratan. Los STDs pueden dar lugar de siempre a problemas, incluyendo ceguera, deformidades del hueso, el retraso mental, y la muerte para los niños infectados por sus madres durante embarazo o nacimiento. En mujeres, los STDs pueden llevar a la enfermedad inflamatoria pélvica, a la infertilidad, a los embarazos ectópicos (embarazos que ocurren en los tubos de falopio en vez del útero), y al cáncer del sistema reproductivo.
El tratamiento temprano de los STDs es importante. Cuanto más aprisa usted busca el tratamiento, menos probable la causaSTDvoluntad usted
daño severo. Cuanto más pronto usted dice a sus socios sexuales que usted tieneSTD, más pronto pueden conseguir tratado. Si le tratan paraSTD, y no tratan a su socio, y usted tiene sexo desprotegido, después usted puede conseguirSTDotra vez. Conseguir las visitas regulares de la carta recordativa con su doctor.

Una persona puede ser asustada a veces también embarrassed para pedir la información acerca de los STDs o para pedir ayuda. Tener presente que algunos STDs son curables, por ejemplo chlamydia, gonorrea, sífilis, y trichomoniasis. Otros STDS se pueden tratar solamente, no curado. Estos STDs, tales como herpes, se pueden separar a otra persona, incluso si están bajo control y se manejan con las medicinas. Una vacuna está disponible que protege a gente contra el papillomavirus humano y el virus de la hepatitis B.

La vacuna de HPV protege contra cuatro HPV desconcertados para pedir la información acerca de los tipos, que juntas causan el 70 por ciento de cánceres de cuello del útero y el 90 por ciento de verrugas genitales. La vacuna de HPV se recomienda para 11 - a las muchachas de 12 años así como

13 - a las muchachas y a las mujeres de 26 años. Puede ser dada a los jóvenes de las muchachas tan como 9. ideal, las hembras deben conseguir la vacuna antes de que estén sexual - active. Muchachas y mujeres que no se han infectado con cualesquiera de esos cuatro tipos de HPV conseguirán el lleno y las ventajas de la vacuna. Las hembras que están sexual - active pueden también beneficiarse de la vacuna.

No trata infecciones existentes de HPV, verrugas genitales, precancers, o cánceres.

Un individuo tiene una vez HPV, los síntomas puede ser tratado pero no ser curado. Cuando usted visita a su doctor, decirle si usted es alérgico a algunas medicaciones. Tomar todas las medicinas exactamente según lo
 prescrito. No saltar tomando sus medicaciones. No compartir sus medicaciones. Preguntar por cualquier efecto secundario posible de la medicina o los suplementos dietéticos ANTES de usted lo toman, especialmente si usted es embarazado u oficio de enfermera.
Después del tratamiento, visitar a su doctor otra vez para cerciorarse de que le curan. Algunos STDs son resistentes a ciertas medicinas, así que su doctor puede necesitar prescribir una diversa medicina para usted.

El VIH esSTDque puede ser separado con tener sexo (vaginal, anal, u oral) con una persona que tenga VIH. El VIH (el virus de inmunodeficiencia humana) causa el SIDA, el síndrome adquirido del immunodefciency. El VIH ataca el sistema inmune
 del cuerpo, que es su sistema de defensa natural contra enfermedad.
El virus destruye un tipo de glóbulos (células CD4) esos las ayudas el cuerpo para luchar apagado y para destruir los gérmenes.
El VIH puede también ser pasado a partir de una persona a otra persona de otras maneras, además del tener sexo. Una persona puede conseguir infectada con el VIH compartiendo agujas con un consumidor de droga que tenga el VIH o SIDA.

El virus puede también ser pasado de una madre que tenga el VIH o SIDA a su bebé durante embarazo. El SIDA no tiene ninguna curación, sino que puede ser tratado para reducir sus síntomas y para prolongar vida. Conseguir probado.

Pedir que su socio consiga probado. Saber su estado de HIV/AIDS. Saber el estado de HIV/AIDS de su socio. Sabiendo ayudas evitar el conseguir del VIH o el paso de él encendido algún otro. El tratamiento es el más eficaz cuando está comenzado temprano. Para la información detallada sobre HIV/AIDS, la visita www.womenshealth.gov/VIH y www.cdc.gov/std.

Las buenas noticias son que los STDs pueden ser prevenidos.

No compartir las agujas o IV (intravenoso) para tratar.

Hablar con sus socios de sexo sobre los STDs, el VIH, y usar los condones. Incumbe a usted a cerciorarse de que le protegen.
Recordar, él es SU cuerpo!

CAPÍTULO 10

Extremidades de la salud general para los hombres y las mujeresUSdepartamento de los servicios de salud y humanos, prevención del Centro de control de enfermedades.

La mayoría de la gente piensa en la CDC mientras que la organización de agentes estupendos que ayuden a la grieta todos los casos en la televisión y en las películas con los terroristas biológicos. Ella también hace mucho trabajo sobre promover la buena salud para la gente mientras que los acoplamientos siguientes precisan.

Extremidades por una vida sana para los hombres

Comer sano
http://www.cdc.gov/nutrition/
"Una manzana al día mantiene a doctor ausente." Hay más verdad a este refrán que pensamos una vez. Qué usted come y bebe y lo que usted no come y la bebida puede diferenciar definitivamente a su salud. Comiendo cinco o más porciones de frutas y verdura al día y menos grasa saturada puede ayudar a mejorar su salud y puede reducir el riesgo de cáncer y de otras enfermedades crónicas. Tener una dieta equilibrada, y mirar cuánto usted come.

Mantener un peso sano
http://www.cdc.gov/nccdphp/dnpa/obesity/
La obesidad está en todo el colmo de tiempo enUnited States, y la epidemia puede conseguir peor. Los que son gordos u obesos han aumentado los riesgos para las enfermedades y las condiciones tales como diabetes, la tensión arterial alta, la enfermedad cardíaca, y el movimiento. Comer mejor, conseguir el ejercicio regular, y ver que su proveedor de asistencia

sanitaria sobre cualquier preocupación de la salud para cerciorarse de le ser en el buen camino a permanecer sano.

Conseguir móvil
http://www.cdc.gov/nccdphp/dnpa/physical/
El más de 50 por ciento de hombres y de mujeres americanos no consigue bastante actividad física para proporcionar subsidios por enfermedad. Para los adultos, treinta minutos de actividad física moderada encendido la mayoría, preferiblemente todos, días de la semana se recomienda. No toma mucho tiempo o dinero, sino que toma la comisión. Comenzar lentamente, trabajo hasta un nivel satisfactorio, y no exagerarlo. Usted puede desarrollar una rutina, o usted puede hacer algo diverso diario. Encontrar las maneras de la diversión de permanecer en forma y de sentirse bien, por ejemplo el baile, cultivar un huerto, cortar la hierba, natación, caminar, o activar.

Ser sin humos
http://www.cdc.gov/tobacco/how2quit.htm
Las preocupaciones de la salud se asociaron a fumar incluyen enfermedad pulmonar del cáncer y. El fumar triplica el riesgo de muerte de enfermedad cardíaca entre los que sean de mediana edad. El humo de segunda mano - fumar que usted inhala cuando otros humo - también afecta a su salud. Si usted fuma, parar hoy! Los servicios de ayuda, el asesoramiento, las medicaciones, y otras formas de ayuda están disponibles ayudarle a parar.

Conseguir los exámenes y las investigaciones rutinarios
http://www.cdc.gov/men/tips/exams.htm
Están a veces una vez al año. Otras veces están más o menos a menudo. De acuerdo con su edad, la historia de la salud, la forma de vida, y otras ediciones importantes, usted y su proveedor de asistencia sanitaria pueden determinarle cuantas veces necesidad de ser examinado y de ser defendido para las ciertas enfermedades y condiciones. Éstos incluyen la tensión arterial alta, rico en colesterol, la diabetes, sexual - las enfermedades transmitidas, y los cánceres de la piel, de la

próstata, y de los dos puntos. Cuando los problemas se encuentran temprano, sus ocasiones para el tratamiento y la curación son mejores. Los exámenes y las investigaciones rutinarios pueden ayudar excepto vidas.

Conseguir las vacunaciones apropiadas
http://www.cdc.gov/nip/recs/adult-schedule.htm
No están apenas para los cabritos. Los adultos las necesitan también. Algunas vacunaciones están para cada uno. Otros se recomiendan si usted trabaja en ciertos trabajos, tiene ciertas formas de vida, viaja a ciertos lugares, o tienen ciertas condiciones de salud. Protegerse contra enfermedad y enfermedad continuando con sus vacunaciones.

Manejar la tensión
http://www.cdc.gov/niosh/topics/stress/
Quizás ahora más que nunca antes, la tensión de trabajo plantea una amenaza a la salud de trabajadores y, alternadamente, a la salud de organizaciones. Las obligaciones de equilibrio a su patrón y a su familia pueden ser desafiadoras. Cuál es su nivel de tensión hoy? Proteger su salud mental y física enganchando a las actividades que le ayudan a manejar su tensión en el trabajo y en el país.

Saberse y sus riesgos
http://www.cdc.gov/men/tips/
know.htm
Sus padres y antepasados ayudan a determinar algunos de quién usted es. Sus hábitos, trabajo y ambientes familiares, y forma de vida también ayudan a definir su salud y sus riesgos. Usted puede ser en un riesgo creciente para las ciertas enfermedades o condiciones debido a lo que usted hace, donde usted trabaja, y cómo usted juega. Siendo medios sanos que hacen una cierta preparación, conociéndose, y sabiendo cuál es el mejor para usted... porque usted es uno de una clase.

Ser seguro - protegerse

http://www.cdc.gov/men/tips/besafe.htm
Qué viene importar cuando usted piensa de seguridad y de protegerse? Es cinturones de seguridad de la cerradura, aplicando la protección solar, cascos que usan, o tener detectores de humos? Es todos los éstos y más. Es todo de lavarse las manos a mirar sus relaciones. Usted sabía que los hombres en el trabajo mueren lo más frecuentemente a partir de incidentes del vehículo de motor, de lesiones relacionadas con la máquina, de homicidios, y de caídas? Tomar las medidas para protegerse y a otros dondequiera que usted sea.

Ser bueno se
http://www.cdc.gov/node.do/id/0900f3ec80059b1a
La salud no es simplemente la ausencia de enfermedad; es una forma de vida. Si está consiguiendo bastante sueño, relajándose después de que un día agotador, o disfrutar de una manía, sea importante tardar tiempo para ser bueno se. Llevar las medidas el trabajo, el hogar, y el juego del balance. Prestar la atención a su salud, y hacer vida sana a la parte de su vida.

Extremidades por una vida sana para las mujeres

Comer sano
http://www.cdc.gov/nutrition/
"Una manzana al día mantiene a doctor ausente." Hay más verdad a este refrán que pensamos una vez. Qué usted come y bebe y lo que usted no come y la bebida puede diferenciar definitivamente a su salud. Comiendo cinco o más porciones de frutas y verdura al día y menos grasa saturada puede ayudar a mejorar su salud y puede reducir el riesgo de cáncer y de otras enfermedades crónicas. Tener una dieta equilibrada, y mirar cuánto usted come.

Mantener un peso sano
http://www.cdc.gov/nccdphp/dnpa/obesity/

La obesidad está en todo el colmo de tiempo enUnited States, y la epidemia puede conseguir peor. Los que son gordos u obesos han aumentado los riesgos para las enfermedades y las condiciones tales como diabetes, la tensión arterial alta, la enfermedad cardíaca, y el movimiento. Comer mejor, conseguir el ejercicio regular, y ver que su proveedor de asistencia sanitaria sobre cualquier preocupación de la salud para cerciorarse de le ser en el buen camino a permanecer sano.

Conseguir móvil
http://www.cdc.gov/nccdphp/dnpa/physical/
El más de 50 por ciento de hombres y de mujeres americanos no consigue bastante actividad física para proporcionar subsidios por enfermedad. Para los adultos, treinta minutos de actividad física moderada encendido la mayoría, preferiblemente todos, días de la semana se recomienda. No toma mucho tiempo o dinero, sino que toma la comisión. Comenzar lentamente, trabajo hasta un nivel satisfactorio, y no exagerarlo. Usted puede desarrollar una rutina, o usted puede hacer algo diverso diario. Encontrar las maneras de la diversión de permanecer en forma y de sentirse bien, por ejemplo el baile, cultivar un huerto, cortar la hierba, natación, caminar, o activar.

Ser sin humos
http://www.cdc.gov/tobacco/how2quit.htm
Las preocupaciones de la salud asociadas a fumar incluyen el cáncer, la enfermedad pulmonar, la menopausia temprana, la infertilidad, y complicaciones del embarazo. El fumar triplica el riesgo de muerte de enfermedad cardíaca entre los que sean de mediana edad. El humo de segunda mano - fumar que usted inhala cuando otros humo - también afecta a su salud. Si usted fuma, parar hoy! Las líneas de ayuda, el asesoramiento, las medicaciones, y otras formas de ayuda están disponibles ayudarle a parar.

Conseguir los exámenes y las investigaciones rutinarios
http://www.cdc.gov/women/tips/exams.htm

Están a veces una vez al año. Otras veces están más o menos a menudo. De acuerdo con su edad, la historia de la salud, la forma de vida, y otras ediciones importantes, usted y su proveedor de asistencia sanitaria pueden determinarle cuantas veces necesidad de ser examinado y de ser defendido para las ciertas enfermedades y condiciones. Éstos incluyen la tensión arterial alta, rico en colesterol, la diabetes, sexual - las enfermedades transmitidas, y los cánceres de la piel, de la cerviz, del pecho, y de los dos puntos. Cuando los problemas se encuentran temprano, sus ocasiones para el tratamiento y la curación son mejores. Los exámenes y las investigaciones rutinarios pueden ayudar excepto vidas.

Conseguir las vacunaciones apropiadas
http://www.cdc.gov/nip/recs/adult-schedule.htm
No están apenas para los cabritos. Los adultos las necesitan también. Algunas vacunaciones están para cada uno. Otros se recomiendan si usted trabaja en ciertos trabajos, tiene ciertas formas de vida, viaja a ciertos lugares, o tienen ciertas condiciones de salud. Protegerse contra enfermedad y enfermedad continuando con sus vacunaciones.

Manejar la tensión
http://www.cdc.gov/niosh/topics/stress/
Quizás ahora más que nunca antes, la tensión de trabajo plantea una amenaza a la salud de trabajadores y, alternadamente, a la salud de organizaciones. Las obligaciones de equilibrio a su patrón y a su familia pueden ser desafiadoras. Cuál es su nivel de tensión hoy? Proteger su salud mental y física enganchando a las actividades que le ayudan a manejar su tensión en el trabajo y en el país.

Saberse y sus riesgos
http://www.cdc.gov/women/tips/know.htm
Sus padres y antepasados ayudan a determinar algunos de quién usted es. Sus hábitos, trabajo y ambientes familiares, y forma de vida también ayudan a definir su salud y sus riesgos. Usted puede ser en un riesgo creciente para las ciertas

enfermedades o condiciones debido a lo que usted hace, donde usted trabaja, y cómo usted juega. Siendo medios sanos que hacen una cierta preparación, conociéndose, y sabiendo cuál es el mejor para usted... porque usted es uno de una clase.

Ser seguro - protegerse
http://www.cdc.gov/women/tips/besafe.htm
Qué viene importar cuando usted piensa de seguridad y de protegerse? Es cinturones de seguridad de la cerradura, aplicando la protección solar, cascos que usan, o tener detectores de humos? Es todos los éstos y más. Es todo de lavarse las manos a mirar sus relaciones. Usted sabía que las mujeres en el trabajo mueren lo más frecuentemente de homicidios, de incidentes del vehículo de motor, de caídas, y de lesiones relacionadas con la máquina? Tomar las medidas para protegerse y a otros dondequiera que usted sea.

Ser bueno se
http://www.cdc.gov/node.do/id/0900f3ec80059b1a
La salud no es simplemente la ausencia de enfermedad; es una forma de vida. Si está consiguiendo bastante sueño, relajándose después de que un día agotador, o disfrutar de una manía, sea importante tardar tiempo para ser bueno se. Llevar las medidas el trabajo, el hogar, y el juego del balance. Prestar la atención a su salud, y hacer vida sana a la parte de su vida.

www.ingramcontent.com/pod-product-compliance
Lightning Source LLC
Chambersburg PA
CBHW022107160426
43198CB00008B/384